FESTAS EM FAMÍLIA COM O CAKE BOSS

RECEITAS PARA CELEBRAR O ANO INTEIRO

BUDDY VALASTRO

FOTOS JOHN KERNICK
TRADUÇÃO LUCIANE OLIVEIRA CLAUSEN

Título original: Family Celebrations with the Cake Boss
Copyright © 2013 by Buddy V Entertainment.
Copyright © 2015, Pioneira Editorial Ltda. São Paulo, para a presente edição.

EDIÇÕES TAPIOCA

EDITORES
José Carlos de Souza Jr.
Renato Cintra Guazzelli

TRADUÇÃO
Luciane Oliveira Clausen

PRODUÇÃO EDITORIAL
Crayon Editorial

CIP-BRASIL. CATALOGAÇÃO-NA-FONTE
SINDICATO NACIONAL DOS EDITORES DE LIVROS, RJ

V234f

    Valastro, Buddy, 1970-
        Festas em família com o Cake Boss : receitas para celebrar o ano inteiro / Buddy Valastro ; tradução Luciana Clausen. - 1. ed. - São Paulo : Tapioca, 2015.
        336 p. : il. ; 25 cm.

    Tradução de: Family celebrations with the cake boss
    Inclui índice
    ISBN 9788567362083

      1. Culinária - Receitas. 2. Gastronomia. I. Título.

15-19105   CDD: 641.5
                                       CDU: 641.5

2015
Todos os direitos desta edição reservados à
Pioneira Editorial Ltda.
Av. Rouxinol, 84 - cj. 114
04516-000   São Paulo - Brasil
Tel. 55 (11) 5041-8741
contato@edicoestapioca.com.br
www.edicoestapioca.com.br

ESTE LIVRO É DEDICADO ÀQUELES QUE AMO:
Sofia, Buddy, Marco e Carlo

Sumário

INTRODUÇÃO 12
COMO USAR ESTE LIVRO 15

BRUNCH DE ANO-NOVO

Frittata de aspargos 19
Risoni com presunto, ervilha e queijo de cabra . . 20
Salada de *antipasti* 23
Pãezinhos de canela com noz pecan 25
Potinhos de creme de chocolate 27
Napoleóns de morango 29
Cupcakes de cartola 31

JANTAR DE DIA DOS NAMORADOS

Risoto de salmão defumado 37
Lagosta no vapor com manteiga de alho 39
Creme de espinafre 40
Semifreddo de chocolate com
    molho de framboesa 41
Suflê de licor de laranja 45
Bolo de coração para o Dia dos Namorados . . . 47

COZINHANDO COM AS CRIANÇAS NOS DIAS DE TEMPO RUIM

Sopa fácil de tomate 53
Sanduíche de queijo, bacon e broto de alfafa . . . 54
Nozes no tronco 57
Biscoitos de maçã e aveia 59
Bolinhas de chocolate e coco sem farinha 60
Discos de caramelo e nozes 62
Bolo em camadas com cobertura colorida 65

PÁSCOA

Crostini com ricota e mel 70
Salada de espinafre *baby* e
    alcachofra marinada 72
Polenta cremosa com pimenta-do-reino 73
Costeletas de cordeiro com crosta de pistache . . 75
Cogumelos assados com salsa fresca 77
Bolo cítrico com azeite de oliva 79
Torta de trigo italiana 80
Pasta frolla 83
Bolo de cesta de páscoa 85

CHÁ DA TARDE

Quiche de queijo cheddar e couve-flor 91
Scones com gotas de chocolate 93
Biscoitos amanteigados simples 94
Folhadinho de morango 97
Minissanduíches de creme de avelãs e
    cacau com banana 98
Chá caseiro de frutas vermelhas 99
Biscoitos decorados com chaleiras 101

FESTA DE ANIVERSÁRIO INFANTIL

Pipoca de aniversário com chocolate branco . . 107
Minipizzas fechadas de salame 109
Brócolis assados 110
Tiras de frango com gergelim 111
Sundae de brownie e barras de chocolate 113
Bolo de aniversário com camiseta de time 115

CAFÉ NA CAMA PARA O DIA DAS MÃES

Strata de ovos e manjericão. 121

Panquecas doces de limão-siciliano e mirtilo . . 122

Bacon com xarope de bordo 124

Chai com leite 125

Tortinhas de amora com açúcar de confeiteiro . 127

Bolo vulcão com mousse para o Dia das Mães . . 129

GRELHADOS CLÁSSICOS PARA O *MEMORIAL DAY*

Asas de frango com molho barbecue caseiro . 135

Aspargos enrolados com *prosciutto* 136

Espetinhos de frutas grelhadas 137

Kebabs de vieiras e pimentão 139

Costelinhas de porco assadas e grelhadas . . . 141

Minibolo com pêssego grelhado e mascarpone . 143

Bolo de churrasqueira para o *Memorial Day* . . 145

FESTA DE DIA DOS PAIS

Filé de costela com manteiga
temperada com raiz forte 153

Vagens com gergelim 154

Alface americana com molho de
gorgonzola e bacon 155

Batatas assadas duas vezes 157

Bolo de geladeira com manteiga de
amendoim e chocolate. 159

Sobremesa de cerveja tipo stout com sorvete . 161

Bolo cerveja para o Dia dos Pais 163

4 DE JULHO

Chili con queso. 169

Fraldinha com *salsa* verde italiana. 171

Salada de feijão 172

Espetinhos de camarão grelhado
com *chili* e limão 175

Galette de ameixas frescas 177

Morangos patriotas 179

Bolo da bandeira norte-americana. 181

DIA DE JOGO

Amendoim com pimenta caiena 187

Molho de alcachofra e espinafre com parmesão . 189

Sanduíche asiático de carne de porco 191

Salada de repolho asiática *tri-colore* 192

Biscoitos esportivos 195

Biscoitos de açúcar 199

COQUETÉIS PARA TODAS AS OCASIÕES

Minibife Wellington 203

Salada de caranguejo em folhas de endívia. . . 204

Panquecas de batata com
crème fraîche e caviar 206

Ponche de bourbon 207

Trufas de chocolate 208

Bolinhos de baunilha 211

Cupcakes de coquetéis 213

JANTAR DE AÇÃO DE GRAÇAS

Peru com ervas e molho caseiro. 219
Purê de batatas com alho assado. 221
Couve-galega *sautée* com vinagre
   de vinho tinto e amêndoas. 223
Molho caseiro de cranberry 224
Recheio da família Valastro. 226
Biscoito de melado 229
Massa de torta 231
Torta de abóbora com folhas de outono 232

VÉSPERA DE NATAL

Linguine com mexilhão 237
Bolinhos de abobrinha italiana. 238
Pão de alho 239
Prime rib com alho e alecrim 241
Cheesecake de ricota. 243
Fondue de chocolate 245
Croquembouche 247
Carolinas. 251

NATAL

Salada de frutos do mar marinados 255
Macarrão gratinado 257
Tender de festa com molho de cereja 259
Biscoitos de natal 261
Sanduíches de biscoito de gengibre 262
Sorvete de eggnog 265
Bolo presente de natal. 267

OS CAMPEÕES DO BUFÊ DE ANO-NOVO

Coquetéis de champanhe e morango 272
Lentilhas com cebola 273
Pizzette de tomate e abobrinha italiana. 274
Figos em massa folhada 277
Linguiça *cotechino* 278
Tiramisu alcoólico. 281
Peras cozidas com sorvete de baunilha 283
Pé-de-moleque caseiro com frutas. 285
Biscoitos meia-noite. 287
Bolo da sorte 289

APÊNDICE

Decoração 293
Receitas de bolos básicos 301
Coberturas e recheios 311

ÍNDICE REMISSIVO 323

AGRADECIMENTOS 334

SOBRE O AUTOR. 335

Introdução

Deixe-me fazer uma pergunta: você já esteve em uma festa em que não havia comida?

Eu não. Para mim, uma festa não é uma festa se não houver comida ou bebida e isso é especialmente verdade quando se trata de comemorações familiares. Minha família, os Valastros, se junta ao redor de comida todos os dias – seja em uma mesa no refeitório da Carlo's Bake Shop, em Jersey City, seja reunindo-se espontaneamente para jantar na casa de um de nós, nas cidades próximas a Nova Jersey, ou ainda nos encontros de fim de semana quando os primos brincam juntos enquanto os adultos colocam o papo em dia tomando uma taça (ou três) de vinho e beliscando alguns *antipasti*.

Como muitas famílias ítalo-americanas, nós temos um sentido aguçado para a comida e ela ocupa um grande espaço em nossa vida – alguns ingredientes e pratos que amamos nos conectam com nosso lar ancestral na Itália e também com parentes e amigos distantes ou que já não estão mais entre nós. Dessa forma, algumas ocasiões nos inspiram a preparar e servir vários pratos que fazem parte da nossa tradição, como as costeletas de cordeiro com crosta de pistache que preparamos na Páscoa, o recheio do peru no Dia de Ação de Graças ou os frutos do mar marinados pelo qual esperamos ansiosamente na véspera de Natal. E não são apenas as grandes datas comemorativas que nos provocam nostalgia: nós também temos tradições para as festas de aniversário, as *tailgate parties** e até mesmo as comidas que preparamos com as crianças no inverno, em dias de tempo ruim.

Isso tudo é muito comum em famílias dessa mesma origem. Mas quando os Valastros se reúnem para uma ocasião especial, há outra dimensão para a celebração, que é somente nossa: esses eventos são *sempre* marcados por um bolo, um cupcake ou um doce exclusivo que capture a essência daquela data – com um visual memorável e, é claro, um sabor que não será facilmente esquecido. Essas sobremesas são para minha família o que os comerciais são para o SuperBowl: um espetáculo que torna superespecial um momento que já é especial.

Às vezes, os bolos que fazemos são simples, como o *Bolo da bandeira norte-americana* que servimos para comemorar o 4 de julho, dia da independência dos Estados Unidos, com as listras e as estrelas feitas com morangos e mirtilos. Outras vezes, eles são mais sofisticados, como o *Bolo de cesta de páscoa*. Eles podem também ter elementos únicos, como os cupcake brilhantes enfeitados com cartolas que fazemos no primeiro dia do ano.

Neste livro, estou feliz em mostrar para você um pouco da família Valastro e de como comemoramos os momentos ao longo do ano com comidas especiais e sobremesas inesquecíveis. Como sempre, meu desejo mais profundo é de que as tradições e receitas da minha família inspirem bons momentos para a sua.

---

* As *tailgate parties* são encontros nas ruas ou em estacionamentos perto de onde irá ocorrer um evento. O porta-malas dos carros ficam abertos e as pessoas degustam ao ar livre a bebida e comida que levaram. Em geral, as festas ocorrem antes de partidas de basquete, baseball ou qualquer outro evento esportivo, mas também podem acontecer antes de casamentos, formaturas e até de espetáculos. (N. E.)

Foto à direita por Gloria Belgiovine

Como usar este livro

Este livro acompanha um ano delicioso na vida da família Valastro, começando no primeiro dia do ano e chegando à véspera do Ano-novo.

Nestas páginas, apresento receitas que podem ser servidas em muitas ocasiões especiais e nas grandes datas comemorativas, como o Dia dos Namorados (Valentine's Day)*, a Páscoa, o *Memorial Day* (quando homenageamos os soldados mortos nas guerras), o Dia da Indepedência e o Dia de Ação de Graças. Também mostra minhas comidas preferidas para eventos com muitas pessoas, como festas de aniversário, coquetéis, reunião dos amigos em dia de jogos e outros eventos.

E, é claro, no final de cada capítulo há uma receita especial – com instruções para decorar – de bolo ou sobremesa com o tema do evento.

Algumas observações antes de colocarmos as mãos na massa.

Use as receitas como preferir

As receitas de cada capítulo se complementam. Afinal de contas, nós estamos servindo muitas delas juntas há gerações. Mas isso não quer dizer que você tenha de servir todas ao mesmo tempo. Pense no que é aqui apresentado como opções de cardápio e não como um cardápio fixo. Você também pode mesclar esses pratos com os seus

próprios, misturando as receitas preferidas da minha família com as da sua. A maior parte dos pratos pode ser servida durante todo o ano, até mesmo para um almoço ou um jantar do dia a dia.

Dê o seu toque às receitas

As receitas deste livro são simples, porque eu acredito que cozinhar em casa deve ser fácil e prazeroso, permitindo que você se divirta e aproveite o tempo com a família e com os amigos. Então, quando for preparar as receitas deste livro, não se estresse se não tiver um dos ingredientes pedidos. Uma erva pode ser substituída por outra, assim como um tipo de cogumelo, um condimento ou outros ingredientes. Da mesma forma, se você é um cozinheiro experiente e confiante, fique à vontade para improvisar e dar o seu toque pessoal às receitas.

O bolo básico

Embora os bolos e cupcakes deste livro pareçam ser extremamente sofisticados, todos eles são feitos com as mesmas receitas básicas de massa, recheio e cobertura, e com as mesmas técnicas e utensílios de decoração. Essas informações estão no final do livro, a partir da página 292, no Apêndice. Sugiro que você leia essas receitas antes de fazer qualquer um dos bolos ou decorações.

* Nos Estados Unidos, o Valentine's Day é comemorado no dia 14 de fevereiro. A data é o equivalente ao Dia dos Namorados, que no Brasil é festejado em 12 de junho. (N. E.)

BRUNCH DE ANO-NOVO

O primeiro dia do ano costumava ser bem engraçado na Carlo's Bake Shop. A loja ficava aberta, como em muitos outros feriados, mas os funcionários, cansados das comemorações da véspera, estavam imprestáveis. E isso não importava porque os clientes – que também haviam passado o dia anterior comemorando – não saíam de suas casas. Finalmente, na metade da década de 1990, nós decidimos fechar a loja em 1° de janeiro. E fico feliz que tenhamos tomado essa decisão, porque esse é realmente um dia para se passar com a família, para pensar no ano que se foi e no ano que começa. Desde que Lisa e eu nos casamos, passamos o primeiro dia do ano na casa da sua tia Enza, na cidade de Sayreville, em Nova Jersey. A maior parte da família da minha sogra, Glória, também vai para lá. Para mim, a melhor parte desse encontro é que todos se reúnem na cozinha para ajudar na preparação da comida ou trazem algum prato pronto de casa. Nas páginas a seguir, você vai ver algumas das minhas receitas preferidas para saudar o Ano-novo.

BRUNCH DE ANO-NOVO

FRITTATA DE ASPARGOS

{6 A 8 PESSOAS}

Entre as muitas especialidades da minha sogra, Glória, estão as *frittatas,*
que ela cozinha o ano todo, mas sempre serve no primeiro dia do ano. Uma *frittata* é uma omelete
italiana milhões de vezes mais fácil de fazer do que a versão francesa, que envolve dobrá-la sobre o
recheio e depois deslizar aquela coisa delicada para um prato sem quebrá-la. Para fazer a *frittata*, você
simplesmente cozinha o recheio junto com os ovos. E tirar da frigideira não poderia ser mais fácil,
porque ela fica bem firme. As *frittatas* são ótimas para servir quando você está recebendo convidados,
pois podem ser colocadas em um bufê e continuam deliciosas em temperatura ambiente.

2 colheres (sopa) de azeite de oliva
500 g de aspargos frescos finos, lavados e
    com a parte dura do talo removida
8 ovos
2 colheres (sopa) de leite
casca finamente ralada de ½ limão-siciliano
sal
pimenta-do-reino moída na hora
salsa lisa fresca grosseiramente picada (folhas
    e talos), para decorar

1. Posicione a grade do forno na parte central e preaqueça a 200°C.

2. Aqueça em fogo médio-alto uma frigideira grande, antiaderente e que possa ir ao forno. Coloque o azeite de oliva e incline e gire a frigideira, para untar todo o fundo. Ponha o aspargo e tempere com sal. Deixe cozinhar, chacoalhando a frigideira de vez em quando, até que o aspargo fique *al dente* e levemente dourado em alguns pontos. Isso deve levar cerca de 4 minutos.

3. Enquanto isso, coloque em uma tigela os ovos, o leite, as raspas de limão e uma generosa pitada de sal e de pimenta-do-reino. Bata bem.

4. Diminua o fogo para médio e despeje a mistura de ovos na frigideira. Usando uma pinça ou um garfo (cuidado para não riscar a superfície antiaderente), arrume os aspargos de modo que eles fiquem completamente mergulhados nos ovos, sem pontas para fora. Cozinhe até que as bordas dos ovos estejam firmes (cerca de 5 minutos) e os vegetais no fundo estejam levemente dourados (tudo bem se os ovos também ficarem dourados); se o fundo dourar muito rápido, diminua um pouco o fogo.

5. Transfira a frigideira para o forno por 6–8 minutos, até que os ovos estejam firmes por inteiro. Retire e tempere com um pouco mais de sal e pimenta, se desejar. Deixe esfriar alguns minutinhos na própria frigideira e depois passe para um prato, deslizando a *frittata* para fora da frigideira e mantendo o lado superior para cima. Decore com salsinha e corte em seis ou oito pedaços para servir.

FESTAS EM FAMÍLIA COM O CAKE BOSS

RISONI COM PRESUNTO, ERVILHA E QUEIJO DE CABRA

{4 A 6 PESSOAS}

Eu comi macarrão com presunto, ervilha e parmesão a minha vida toda.
A combinação funciona porque o sabor suave das ervilhas faz um contraste perfeito com o salgado do presunto e com a massa. Costumo usar *orechiette* (massa em formato de orelhinhas) ou *mezze rigatoni*. Mas um dia, sozinho em casa, bolei essa combinação com os ingredientes que tinha à mão: risoni (uma massa em forma de arroz) e queijo de cabra, que derrete rapidamente e forma um molho, cobrindo a massa e os outros ingredientes. Agora se tornou um prato do nosso repertório, seja para servir em casa ou para levar às festas de família, como a que fazemos no primeiro dia do ano.

1 ¼ xícara de risoni seco

1 xícara de ervilhas descongeladas (veja observação)

120 g de queijo de cabra fresco macio, esmigalhado

3 colheres (sopa) de azeite de oliva extravirgem

suco de 1 limão-siciliano grande (3 a 4 colheres de sopa)

150 g de presunto cru (cerca de ⅔ de xícara), retirado o excesso de gordura e fatiado em aproximadamente 0,5 cm de espessura

sal

⅓ xícara de hortelã picada (sem apertar)

1. Ferva bastante água com sal em uma panela grande. Acrescente o risoni e cozinhe até que fique *al dente*, por cerca de 8 minutos. Coloque as ervilhas no escorredor de macarrão e reserve.

2. Quando o risoni estiver cozido, use um copo medidor refratário para reservar cerca de ¼ de xícara da água do cozimento. Em seguida, escorra o risoni sobre as ervilhas (dessa forma, as ervilhas cozinharão rapidamente).

3. Imediatamente, transfira a massa e as ervilhas para uma tigela refratária. Acrescente o queijo de cabra e mexa, esmagando-o gentilmente para ajudar a incorporá-lo ao risoni quente. Adicione o azeite de oliva, o suco de limão-siciliano e um pouco da água reservada do cozimento para ajudar o queijo a emulsificar e adquirir a consistência de molho (comece com uma colher de sopa da água e vá adicionando-a aos poucos, conforme for necessário). Junte o presunto e a hortelã.

4. Coloque a massa em uma tigela para servir enquanto está quente.

Ervilhas congeladas: *Geralmente, eu não uso vegetais congelados, mas as ervilhas são uma exceção. Quando as ervilhas frescas são colhidas, o açúcar delas se transforma quase imediatamente em amido. As ervilhas congeladas, por sua vez, ainda mantêm essa doçura e são, por isso, uma opção melhor. Além disso, é horrível ter de ficar tirando as ervilhas frescas das vagens, então eu uso as congeladas o ano todo.*

BRUNCH DE ANO-NOVO

SALADA DE *ANTIPASTI*

{4 A 6 PESSOAS}

O Park Casino e o Macaluso's são duas casas de festas símbolos de minha juventude em Nova Jersey. Até hoje comemoramos eventos importantes, como a festa da Primeira Comunhão da minha filha Sofia, no Macaluso's. Uma versão dessa salada de *antipasti* fazia parte dos pratos servidos no coquetel dessas duas casas desde que eu era um menino. É uma sugestão imperdível que reúne uma porção dos sabores e dos ingredientes mais populares da despensa ítalo-americana: azeitona, cogumelo marinado, pimentão assado, muçarela e salame. E é uma receita muito versátil, pois você não precisa usar os ingredientes de que não gosta ou pode substituí-los por outros *antipasti*, como alcachofras em conserva.

Além de ser perfeita para quando você tem convidados, ela é fácil, rápida e pode ser preparada de última hora para o almoço, com ingredientes que você tiver a mão.

1 ½ colher (sopa) de vinagre balsâmico

3 colheres (sopa) de azeite de oliva extravirgem

3 xícaras (sem apertar) de folhas verdes para salada, como espinafre *baby* ou rúcula

sal

pimenta-do-reino moída na hora

½ xícara de cogumelos em conserva, escorridos

170 g de pimentões assados, escorridos e cortados

½ xícara de azeitonas em conserva, de preferência sem caroço

230 g de muçarela fresca, cortada em fatias finas

120 g de salame, cortado em fatias finas

1. Coloque o vinagre em uma tigela grande. Acrescente o azeite e misture bem, começando com algumas gotas e aumentando o fluxo aos poucos até chegar a um fio contínuo. Bata para que a mistura emulsifique. Junte as folhas verdes, tempere com sal e pimenta-do-reino e misture delicadamente.

2. Transfira as folhas temperadas para o prato onde vai servir a salada. Adicione os cogumelos, os pimentões, as azeitonas, a muçarela e o salame, fazendo pequenas pilhas sobre as folhas (sem misturar). Sirva.

O que significa? *Muitas pessoas pensam que "antipasti" significa "antes da pasta" (massa), mas, na verdade, quer dizer "antes da refeição".*

BRUNCH DE ANO-NOVO

PÃEZINHOS DE CANELA COM NOZ PECAN

{8 PORÇÕES}

Na foto, acompanhados dos *Potinhos de creme de chocolate* (receita na p. 27)

A Carlo's Bake Shop não faz nem vende pãezinhos de canela, os *cinnamon buns*. Quem dera pudéssemos vendê-los, mas a única maneira de desfrutar dessa delícia é assim que eles saem do forno, enquanto ainda estão quentes e com o recheio úmido, e na loja não cozinhamos nada na hora. E meus filhos *adoram* os pãezinhos de canela, com sua massa densa e cobertura açucarada. De vez em quando deixamos que eles peçam essa combinação deliciosa em outra confeitaria ou mesmo em uma dessas lojas de rede, mas no primeiro dia do ano nós fazemos os nossos próprios pãezinhos de canela em casa, como uma guloseima especial antes de sairmos para nos reunir com o restante da família. É mais fácil de fazer do que parece, e tem um aroma doce de canela que enche a casa inteira – a forma perfeita de iniciar a primeira manhã do ano. Comece a preparação com antecedência, pois a massa precisa crescer.

PARA A MASSA

¾ xícara de leite integral
¼ xícara de açúcar
1 envelope de fermento biológico seco
   (aproximadamente 2 ¼ colheres de chá)
1 ovo grande
½ colher (chá) de extrato de baunilha
2 ¾ xícaras de farinha de trigo e mais um
   pouco para abrir a massa
sal
¼ xícara de água
¼ xícara de manteiga sem sal e mais um
   pouco para untar a tigela

PARA O RECHEIO

7 colheres (sopa) de manteiga sem sal
½ xícara de açúcar
2 colheres (sopa) de canela em pó
½ xícara de nozes pecan tostadas e picadas
   (veja observação)

PARA A COBERTURA

4 colheres (sopa) de manteiga sem sal,
   derretida
1 ½ xícara de açúcar de confeiteiro
¼ xícara mais 1 colher (sopa) de leite integral
sal

1. Para fazer a massa: coloque o leite, a água e 1 colher (sopa) de açúcar em uma panela pequena, de fundo grosso, e leve ao fogo médio. Aqueça por 1–2 minutos, até que a temperatura fique um pouco mais do que morna ao toque.

2. Transfira a mistura para a tigela da batedeira e acrescente o fermento. Agite a tigela para ajudar a incorporá-lo e, então, deixe descansar por cerca de 5 minutos sem mexer, até que a mistura pareça uma espuma. Acrescente a manteiga, o ovo, o extrato de baunilha e o açúcar restante e misture.

FESTAS EM FAMÍLIA COM O CAKE BOSS

3. Coloque a farinha e uma pitada de sal em uma tigela pequena. Ajuste a batedeira com o batedor para velocidade baixa. Adicione os ingredientes secos em duas porções, parando para raspar os lados da tigela com a espátula sempre que necessário, até que uma massa comece a se formar, por 2–3 minutos. Se a massa estiver grudando na tigela, acrescente mais uma colher (sopa) de farinha para ajudar a formar uma bola de massa macia.

4. Unte uma tigela com manteiga e transfira a massa para ela. Cubra com filme plástico e uma toalha e deixe em um local quente até que a massa dobre de volume, cerca de 1 hora e 20 minutos depois.

5. Para o recheio: unte com manteiga um refratário de vidro de aproximadamente 20 x 30 centímetros e 5 centímetros de altura e reserve. Derreta as 7 colheres de manteiga em uma pequena panela de fundo grosso, em fogo baixo. Coloque o açúcar, a canela, as nozes e 2 colheres (sopa) da manteiga derretida em uma tigela. Misture com um garfo.

6. Com um rolo, abra a massa em uma superfície polvilhada com farinha até formar um retângulo de aproximadamente 30 x 45 centímetros, na vertical, com o lado mais comprido virado para você. Pincele a massa com o restante da manteiga derretida, deixando cerca de 1 centímetro sem untar no lado mais comprido e afastado de você. Polvilhe a mistura de nozes sobre a massa, evitando a parte que não foi untada. Umedeça esse lado com um pouco de água. Então, começando pelo lado mais comprido e próximo a você, enrole firmemente a massa, como um rocambole, até o final, apertando bem a ponta para selar. Corte e

descarte cerca de 2,5 centímetros de cada ponta do rolo. Divida o rolo em oito pedaços iguais, com mais ou menos 5 centímetros de altura cada.

7. Distribua os rolinhos na assadeira untada. Cubra-os bem com filme plástico e uma toalha e ponha em um local quente para crescer novamente, até que dobrem de tamanho, por cerca de 2 horas e 30 minutos (uma opção é deixar a massa crescer durante a noite na geladeira; retire uma hora antes de assar). Preaqueça o forno a 190°C e posicione a grade no meio do forno. Asse os rolinhos por cerca de 35 minutos, até que fiquem levemente dourados e que o centro esteja firme. Retire do forno e deixe esfriar por 10 minutos.

8. Enquanto isso, faça a cobertura. Em uma tigela, coloque o açúcar de confeiteiro, ¼ de xícara de leite integral (você pode usar água também) e uma pitada de sal. Derreta as 4 colheres (sopa) de manteiga em uma panela e incorpore à mistura. Espalhe a calda sobre cada pãozinho já assado. Sirva morno.

Torrando e picando nozes

Tostar as nozes antes de colocá-las em pães e bolos ou para qualquer uso culinário é uma ótima maneira de acentuar o sabor. Coloque as nozes em uma panela seca e leve ao fogo médio. Torre as nozes agitando a panela constantemente, para evitar que elas queimem. Toste por 2–3 minutos, até sentir o aroma. Transfira as nozes para uma tigela e deixe esfriar. Se precisar picá-las, use um processador de alimentos com a lâmina de corte e pulse algumas vezes, ou coloque as nozes em uma tábua e esmague-as levemente com o fundo de uma panela limpa e pesada e, então, corte-as com uma faca.

BRUNCH DE ANO-NOVO

POTINHOS DE CREME DE CHOCOLATE

{6 PORÇÕES}
Foto na p. 24

Se houver chocólatras na sua comemoração de primeiro dia do ano, prepare esta sobremesa! Estes potinhos de creme de chocolate cozido são deliciosos e bonitos, além de incrivelmente fáceis de fazer. Para um sabor de chocolate mais acentuado, polvilhe cada porção com um pouco de cacau em pó ou de raspas de chocolate.

1 litro (4 xícaras) de creme de leite fresco
1 vagem de baunilha (corte-a ao meio e separe as sementes; a vagem vazia pode ser descartada)
½ colher (chá) de café instantâneo
¼ xícara de açúcar
sal
100 g de chocolate meio amargo, grosseiramente picado
100 g de chocolate amargo, grosseiramente picado
8 gemas

1. Posicione a grade do forno no meio e preaqueça-o a 180°C.

2. Coloque 2 ¾ xícaras do creme de leite fresco, as sementes da baunilha, o café, o açúcar e uma pitada de sal em uma panela pequena de fundo grosso e leve ao fogo médio. Quando ferver, desligue o fogo e acrescente o chocolate, mexendo até que esteja derretido. Se necessário, volte a panela ao fogo médio por alguns segundos, para que o chocolate derreta completamente.

3. Bata as gemas em uma tigela grande. Aos poucos, incorpore a elas a mistura de chocolate. Comece com uma quantidade pequena, para que os ovos não talhem.

4. Distribua igualmente o creme de chocolate entre 6 ramequins ou potinhos que possam ir ao forno e coloque-os em uma forma funda, com água quente cobrindo até ¾ da altura dos ramequins. Com cuidado, leve ao forno. Cozinhe por 20–25 minutos, até que as laterais do creme estejam firmes, mas com o centro ainda esteja um pouco mole. Retire do forno e, com cuidado, usando luvas térmicas ou pinças, tire os potinhos do banho-maria. Deixe esfriar um pouco ou coloque na geladeira, se estiver preparando com antecedência (eles podem ser servidos mornos ou frios).

5. Bata o creme de leite restante (1 ¼ xícara) e coloque uma colher do creme por cima de cada pote. Sirva em seguida.

BRUNCH DE ANO-NOVO

NAPOLEÓNS DE MORANGO

{4 PORÇÕES}

Na Carlo's Bake Shop, servimos os napoleóns clássicos há gerações,

com recheio cremoso e cobertura branca e preta. Mas quando se trata de uma comemoração, como o primeiro dia do ano, gostamos de mudar um pouco e fazer em casa uma versão colorida, com morangos. É uma sobremesa vibrante para ocasiões especiais, perfeita para saudar o novo ano. Nós usamos a nossa própria massa caseira mas, para evitar erros, você pode usar massa folhada pronta.

1 pacote de massa folhada, descongelada
2 xícaras de creme de leite fresco
2 colheres (sopa) de geleia de morango
    sem sementes
1 kg de morangos frescos, lavados, sem as
    folhas e cortados em fatias finas
açúcar de confeiteiro para polvilhar

1. Coloque a grade no centro do forno e prea-queça-o a 180ºC.

2. Abra a massa folhada em uma superfície limpa e corte 12 retângulos iguais. Coloque-os em uma assadeira coberta com papel-manteiga e asse-os até que fiquem dourados (13–15 minutos). Retire do forno e espere esfriar completamente.

3. Enquanto isso, bata o creme de leite em ponto de picos firmes. Então, usando uma espátula, incorpore delicadamente a geleia de morango ao creme.

4. Para montar os *napoleóns*, use 4 retângulos de massa folhada como base e cubra-os com uma camada fina de fatias de morangos. Acrescente uma generosa colherada do creme de leite com geleia, espalhando com delicadeza para cobrir totalmente. Polvilhe açúcar de confeiteiro. Repita esse processo para formar mais uma camada, termine com um terceiro retângulo de massa folhada e polvilhe um pouco mais de açúcar de confeiteiro.

BRUNCH DE ANO-NOVO

CUPCAKES DE CARTOLA

{24 CUPCAKES}

Estes elegantes cupcakes são a melhor maneira de iniciar o novo ano.
Enfeitados com uma cartola de pasta americana e com açúcar cristal brilhante, eles transmitem a vibração da data. As cartolas são muito fáceis de montar: é só usar dois tamanhos diferentes de cortador redondo e unir os dois círculos de pasta americana com um pouco de água. As coberturas branca e preta e um bolo são o suficiente para refletir a importância da ocasião.

Estes cupcakes são ideais para um bufê de ano-novo, porque são porções individuais. Mas você também pode prepará-los para o réveillon, substituindo o *Bolo da sorte* (p. 289), e vice-versa.

500 g de pasta americana preta
6 xícaras de *Creme de manteiga para decoração* (receita na p. 312) branco
cerca de ⅓ de xícara de açúcar cristal dourado
cerca de ⅓ de xícara de açúcar cristal prateado
cerca de ⅓ de xícara de confeitos prateados
24 cupcakes feitos com a receita de *Bolo de baunilha* (p. 302), *Bolo de chocolate* (p. 304) ou qualquer outro de sua preferência

UTENSÍLIOS
caneta de água para confeitaria
cortadores redondos de 3,5 cm e de 4 cm de diâmetro
um saco de confeitar com bico de estrela aberta grande

BRUNCH DE ANO-NOVO

1. Para fazer as cartolas, abra uma parte da pasta americana até uma espessura de 3 milímetros, aproximadamente. Usando o cortador de 4 centímetros (a), faça 24 círculos e reserve. Abra o restante da pasta americana até ficar com uma espessura de 2,5 centímetros. Use o cortador de 3,5 centímetros e faça 24 círculos.

2. Use a caneta de água para confeitaria (b) para fixar os círculos menores e mais altos no centro dos círculos maiores e mais finos, fazendo 24 cartolas (c).

3. Usando o saco de confeitar, aplique o creme em cima de cada cupcake, fazendo um movimento rotatório até a cobertura atingir uma altura de 4 centímetros (d).

4. Enfeite com um pouco do açúcar cristal dourado, um pouco do prateado e os confeitos prateados (e). (Veja a dica.)

5. Fixe uma cartola em cima da cobertura de cada cupcake (f).

Dica: Quando trabalhar com açúcar cristal e confeitos, coloque cada um deles em uma tigelinha e trabalhe sobre elas. Assim, o que cair ainda poderá ser aproveitado.

JANTAR DE DIA DOS NAMORADOS

As receitas deste capítulo são superespeciais para mim, porque Lisa e eu não comemoramos mais o Dia dos Namorados como costumávamos. Antigamente, mandávamos as crianças para a casa de algum parente e Lisa preparava um banquete com lagosta (ou, às vezes, caranguejo-vermelho), risoto e creme de espinafre; eu fazia uma sobremesa, ou sobremesas, como um *semifreddo* de chocolate e uma versão do bolo de coração que vendemos na Carlo's Bake Shop há gerações. Era uma noite especial para dois, à luz de velas, quando vivemos alguns dos nossos melhores momentos juntos. Então, se era tão especial, por que não celebramos mais dessa maneira? Porque nosso quarto filho, Carlo, nasceu dia 14 de fevereiro, data em que se comemora o Dia dos Namorados nos Estados Unidos. A partir de então, esse é o dia dele. E não poderia ser diferente, embora eu ainda faça o bolo de coração para Lisa. E nós o comemos juntos, tarde da noite, quando todo mundo já foi para cama.

Observação: *As sobremesas deste capítulo servem mais de duas pessoas, para ficar mais fácil se você quiser servi-las em qualquer outra ocasião ou, quem sabe, para um jantar entre amigos no Dia dos Namorados. As receitas salgadas também podem ser facilmente multiplicadas.*

JANTAR DE DIA DOS NAMORADOS

RISOTO DE SALMÃO DEFUMADO

{2 A 4 PESSOAS}

Quando eu preparo um prato principal de frutos do mar, como lagosta, gosto de acompanhá-lo com outro prato à base de frutos do mar, como este risoto. É um risoto diferente, em que o salmão defumado é combinado com um queijo picante e macio, como é feito em recheios de sanduíche. Este é mais um prato inspirado nas lembranças dos meus bufês preferidos – era uma especialidade do Park Casino e de seu proprietário, Joe, um querido amigo do meu pai e da minha família.

Para deixar o risoto ainda mais cremoso, acrescente duas gemas de ovo no final do preparo – mas faça isso fora do fogo, para evitar que os ovos talhem.

4 colheres (sopa) de manteiga sem sal

1 colher (sopa) de azeite de oliva

1 echalote, bem picada

sal

1 ½ xícara de arroz para risoto, como o arbório (veja a observação)

½ xícara de vinho branco seco

5 xícaras de caldo de peixe ou de galinha (mantenha em uma panela em fogo baixo, na boca de trás)

¼ xícara de creme de leite

½ xícara de queijo de cabra fresco ou de cream cheese

2 gemas

250 g de salmão defumado, picado em quadradinhos

fatias de limão-siciliano

pimenta-do-reino

endro fresco

1. Em uma panela de fundo grosso, aqueça 2 colheres de manteiga e o azeite. Acrescente a echalote e tempere com um pouco de sal. Cozinhe-a por 2 minutos, mexendo de vez em quando, até que esteja macia, mas não dourada. Adicione o arroz e misture por 1–2 minutos para envolver os grãos total-mente na gordura. Despeje o vinho branco (ele deve "chiar" em contato com o arroz).

2. Acrescente aos poucos o caldo que estava em fogo baixo, cerca de ½ concha por vez, e mexa constantemente até que quase todo o líquido tenha sido absorvido. Repita esse processo enquanto cozinha o arroz (cerca de 15 minutos). Passe a adicionar o caldo em porções maiores até que o risoto fique *al dente* e cremoso.

3. Remova a panela do fogo e incorpore as 2 colheres de manteiga restantes, o creme de leite, o queijo e as gemas. Coloque o salmão, mexa delicadamente e tempere com sal. Finalize com um pouco de suco de limão, a pimenta-do-reino e o endro. Sirva.

O arroz: *Não se torture escolhendo um arroz para risoto. Os três tipos principais são: arbório, vialone nano e carnaroli. Embora algumas pessoas acreditem que um ou outro tipo é melhor para determinado risoto, eu acho que todos funcionam bem. Use o que você achar conveniente.*

JANTAR DE DIA DOS NAMORADOS

LAGOSTA NO VAPOR
COM MANTEIGA DE ALHO

{2 PESSOAS}

Lagosta é, sem dúvida, um dos meus pratos favoritos para ocasiões especiais. Por sorte, minha esposa Lisa também adora. Assim como patas de caranguejo-real, este é o nosso fruto do mar preferido e nós gostávamos de comer um deles (ou os dois!) no Dia dos Namorados. Para mim, o único jeito de comer lagosta é mergulhando a carne suculenta em manteiga de alho derretida e ainda quente.

1 colher (sopa) de grãos inteiros de pimenta-do-reino
2 folhas de louro
2 lagostas vivas, com cerca de 700 g cada
1 dente de alho cortado em fatias finas
100 g de manteiga sem sal
sal

1. Coloque em uma panela grande água, até uma altura de 5 centímetros, o louro e os grãos de pimenta. Se você tiver, use uma grade ou uma cesta para cozinhar no vapor que se encaixe na panela. Ferva a água em fogo alto. Rapidamente, coloque as lagostas na panela, as cabeças primeiro, e tampe bem. Deixe a água ferver e cozinhe as lagostas no vapor por 10 minutos, até que elas estejam bem vermelhas e brilhantes e a carne, completamente cozida.

2. Enquanto isso, coloque a manteiga e o alho em uma panela de fundo grosso e leve ao fogo médio. Quando a manteiga estiver completamente derretida, incline um pouco a panela para que ela se concentre em um lado só e use uma colher para recolher e descartar as partículas brancas que se formarem na superfície. Tempere a manteiga com um pouco de sal.

3. Quando as lagostas estiverem prontas, retire-as da panela usando pinças ou um pegador e deixe-as um pouco sobre um escorredor. Use papel toalha para secá-las, dando umas batidinhas de leve. Sirva quente e acompanhadas da manteiga, que deve ser colocada em uma tigela larga e rasa para ficar mais fácil de mergulhar os pedaços de lagosta.

Tudo vermelho: *Para mim, quando se cozinha lagosta, só há uma maneira de saber que ela está pronta: quando as patas adquirem uma coloração vermelha bem brilhante.*

CREME DE ESPINAFRE

{2 A 4 PESSOAS, COMO ACOMPANHAMENTO)

A maioria das pessoas pensa em creme de espinafre como um acompanhamento para medalhões de filé mignon, porque geralmente ele é servido dessa maneira. Mas meu pai, que era um cozinheiro caseiro muito criativo e de mente aberta, costumava servir frutos do mar com creme de espinafre, e eu não demorei para perceber como os dois combinam bem. O creme de espinafre é um complemento perfeito para a lagosta; também fica delicioso quando servido com qualquer peixe, desde aqueles de carne branca, como o halibute, até o atum e o peixe-espada.

Para um toque extra de sabor ou de textura, acrescente ao creme um pouco de parmesão ralado ou de farinha de rosca torrada.

2 pacotes de espinafre congelado, com 280 g cada
1 ½ colher (sopa) de manteiga sem sal
3 colheres (sopa) de echalote bem picada
1 dente de alho pequeno bem picado
sal
½ colher (chá) de farinha de trigo
1 ¼ xícara de creme de leite fresco

1. Ferva água em uma panela média, coloque o espinafre e cozinhe até descongelá-lo. Passe para um escorredor e, quando estiver frio o suficiente para manusear, esprema pequenas porções de espinafre com as mãos, para retirar o máximo de água possível.

2. Aqueça uma frigideira grande em fogo médio-alto. Coloque a manteiga e deixe derreter até espumar. Acrescente a echalote e o alho e cozinhe por 3 minutos, mexendo com uma colher de pau até que estejam macios, mas não dourados. Tempere com sal e, utilizando um batedor de ovos, adicione a farinha e depois o creme de leite. Quando estiver bem liso, coloque o espinafre, misturando bem.

3. Sirva quente em um recipiente ou no mesmo prato em que colocar o peixe ou a carne.

JANTAR DE DIA DOS NAMORADOS

SEMIFREDDO DE CHOCOLATE COM MOLHO DE FRAMBOESA

{6 PORÇÕES}
Foto na p. 42

Eu experimentei meu primeiro *semifreddo* há alguns anos, quando minha família e eu fomos a Roma para visitar o lar dos nossos ancestrais. Durante a viagem, Lisa e eu demos uma escapulida para um almoço a dois. Mesmo não sendo fluentes em italiano, nos divertimos conversando com o proprietário do restaurante, um gentil senhor com quem senti uma ligação imediata: instintivamente, percebi que ele tinha aprendido a tocar o negócio com o pai e que trabalhava naquele lugar desde criança. No final da refeição, ele nem nos mostrou o cardápio de sobremesas. Trouxe logo dois *semiffredos*. O nome quer dizer semicongelado, e é uma sobremesa clássica na Itália. Esta é a minha versão, com um molho feito com um dos ingredientes preferidos de Lisa: framboesas.

óleo vegetal para untar

150 g de chocolate amargo, grosseiramente picado

½ colher (chá) de extrato de baunilha

sal

2 claras

1 xícara de açúcar

1 xícara de creme de leite fresco

280 g de framboesas congeladas, descongeladas

1. Unte uma forma de bolo inglês e forre-a com um pedaço grande de filme plástico ou de papel-manteiga, deixando sobrar uns 7 centímetros de papel em cada lado. Reserve. Derreta o chocolate em uma tigela refratária sobre uma panela com água fervendo (sem deixar que a tigela encoste na água) ou em uma panela para banho-maria, em fogo bem baixo e mexendo constantemente. Acrescente o extrato de baunilha e uma pitada de sal; reserve.

2. Misture em uma tigela limpa as claras com ½ xícara de açúcar e coloque-a sobre uma panela com água fervendo ou em uma panela para banho-maria, em fogo muito baixo. Retire a tigela do fogo para evitar que as claras cozinhem e volte sempre que necessário. Quando o açúcar estiver bem incorporado, bata essa mistura na batedeira em velocidade média-alta, até formar picos firmes, por cerca de 10 minutos. Reserve.

JANTAR DE DIA DOS NAMORADOS

3. Limpe os batedores da batedeira com um papel toalha. Bata o creme de leite, longe do fogo, por cerca de 3 minutos, até formar picos moles.

4. Incorpore delicadamente o chocolate derretido às claras. Em seguida, acrescente o creme de leite batido. Mexa e despeje a mistura em uma forma previamente preparada, alisando a superfície com uma espátula. Cubra com as pontas do plástico que sobraram e deixe no congelador por pelo menos 8 horas.

5. Enquanto isso, prepare a calda. Reserve cerca de ⅓ de xícara de framboesas. Coloque o restante das framboesas e a ½ xícara restante de açúcar em um processador e bata até ficar cremoso. Passe por uma peneira fina, pressionando com o fundo de uma concha para extrair o máximo de líquido possível. Descarte o que ficou na peneira e reserve o líquido. (A calda pode ser feita com até dois dias de antecedência e guardada na geladeira, em um pote hermeticamente fechado.)

6. Retire o *semifreddo* da geladeira e aguarde alguns minutos, para facilitar a remoção da forma. Para retirar, basta virar a forma sobre um prato e retirar o plástico. Se estiver difícil de desenformar, mergulhe o fundo da forma em água quente para ajudar a soltar. Corte o *semifreddo* em seis fatias e coloque cada uma em um prato. Cubra com a calda de framboesas e decore com as framboesas reservadas.

JANTAR DE DIA DOS NAMORADOS

SUFLÊ DE LICOR DE LARANJA

{6 PORÇÕES}

À exceção de um bolo temático e ricamente decorado, não existe sobremesa mais especial do que um suflê. E há algo especialmente elegante nesta receita com licor de laranja. Eu a preparo para Lisa de vez em quando, como uma surpresa romântica, e recomendo para o Dia dos Namorados ou para qualquer outra ocasião especial.

¼ xícara de manteiga sem sal e mais um pouco para untar
½ xícara de açúcar
3 colheres (sopa) de farinha de trigo
⅔ xícara de leite integral
sal
raspas de casca de laranja finamente ralada
5 ovos, com as gemas e as claras separadas
2 colheres (sopa) de licor de laranja
açúcar de confeiteiro para polvilhar

1. Preaqueça o forno a 200ºC. Ajuste a grade no centro do forno.

2. Unte generosamente o fundo e as laterais de 6 ramequins com capacidade de 120 gramas. Cubra com açúcar e retire os excessos.

3. Derreta a manteiga em uma panela média e de fundo grosso. Adicione a farinha e cozinhe, mexendo com uma colher de pau ou com uma espatula apropriada, até que a farinha e a manteiga estejam completamente misturadas e formem uma pasta grossa e levemente dourada (um *roux*). Continue mexendo sempre por mais 1–2 minutos. Coloque o leite vagarosamente, sem parar de mexer. Acrescente uma pitada generosa de sal e as raspas de laranja. Deixe a mistura em fogo baixo, espere ferver e cozinhe por mais 3 minutos, mexendo de vez em quando,

até que engrosse. Retire a panela do fogo e deixe esfriar por 10 minutos.

4. Enquanto isso, em uma tigela grande, bata as gemas. Junte às gemas batidas a mistura de leite quente e, em seguida, o licor de laranja.

5. Bata as claras na batedeira em velocidade alta, até formar picos moles. Com a batedeira ainda ligada, acrescente bem devagar ½ xícara de açúcar – uma ou duas colheres (sopa) por vez. Continue batendo até que todo o açúcar esteja incorporado e as claras estejam quase em ponto de picos firmes. Divida as claras em neve em duas porções. Gentilmente, usando uma espátula, incorpore-as à mistura de gemas, uma porção de cada vez, até obter um creme homogêneo.

6. Com uma colher, coloque o suflê nos ramequins e alise a superfície. Arrume os ramequins em uma forma alta com cerca de 2 centímetros de água quente em seu interior. Asse os suflês sem abrir o forno, por 18–20 minutos, até que cresçam e fiquem dourados nas bordas, mais ainda um pouco moles no centro. Retire do forno, coloque cada ramequim em um prato de sobremesa e polvilhe com açúcar de confeiteiro. Sirva imediatamente.

JANTAR DE DIA DOS NAMORADOS

BOLO DE CORAÇÃO PARA O DIA DOS NAMORADOS

{UM BOLO EM FORMATO DE CORAÇÃO}

Você tem de caprichar no Dia dos Namorados. E com este bolo fica fácil impressionar seu amado ou amada, mesmo que você não seja um decorador experiente. Não é preciso nenhum utensílio ou equipamento especial, apenas um saco de confeitar e um cone de papel-manteiga. O bolo já é assado em uma forma de coração, então, você ganha pontos na hora de decorar. Eu gosto de fazer este bolo com a receita do *Bolo* red velvet (p. 308), que combina perfeitamente com o tema. Mas ele pode ser adaptado de diversas maneiras: você pode usar chocolate branco (ou uma mistura de chocolate branco e meio amargo); pode mudar os recheios, colocando gotas de chocolate ou uma barra de chocolate picada (até mesmo uma marca comercial vai bem) no meio do bolo; e também pode acrescentar cereais matinais sabor chocolate, que vão criar uma textura diferente. A única coisa que você deve evitar é um recheio à base de chocolate muito pesado ou grosso, que não vai combinar com a mousse de chocolate.

Você também pode cobrir este bolo com frutas vermelhas, como morangos ou cerejas sem sementes.

um bolo de sua preferência, com cerca de 23 cm (ver pp. 302 a 308)

uma receita da *Mousse de chocolate do meu pai* (p. 318)

uma receita da *Ganache de chocolate* (p. 319), em temperatura ambiente (mas quente o suficiente para que possa ser despejado)

50 a 100 g de raspas de chocolate compradas prontas, pode ser chocolate amargo ou meio amargo

UTENSÍLIOS

um círculo de papelão de 25–30 cm, de preferência coberto com papel dourado

papel-manteiga

um saco de confeitar com o bico grande de estrela aberta

1. Prepare o bolo usando a receita escolhida. Use uma faca de serra para cortar a casca da parte de cima do bolo. Corte o bolo ao meio, horizontalmente (a). Espalhe um pouco da mousse no centro do círculo de papelão e coloque a parte de baixo do bolo cortado sobre ele (a mousse vai segurar o bolo no lugar).

2. Recheie o bolo: com o saco de confeitar, comece a rechear com a mousse o bolo pela borda, seguindo seu contorno e fazendo desenhos circulares (b). Recheie o contorno do bolo de forma uniforme e atraente; ele não leva cobertura, então o recheio ficará aparente. Em seguida, recheie o centro do bolo.

3. Despeje a ganache sobre a mousse (c). Use o quanto desejar, dependendo se gosta com mais ou menos chocolate. Usando uma espátula, espalhe a ganache delicadamente sobre a mousse.

4. Disponha algumas raspas de chocolate sobre o recheio (d) e cubra com a outra metade do bolo.

JANTAR DE DIA DOS NAMORADOS

5. Como saco de confeitar, aplique a mousse sobre o bolo com delicadeza (como na etapa 2). Depois, use um cone de papel-manteiga para fazer riscos com a ganache sobre a mousse **(e)**. Comece da esquerda para a direita, e depois repita de cima para baixo.

6. A última camada é de raspas de chocolate. Espete-as no topo do bolo para que fiquem de pé **(f)**.

CONE DE PAPEL-MANTEIGA

Para a aplicação da ganache ficar mais elegante, sugiro usar um cone de papel-manteiga.

Faça um cone de papel-manteiga: O cone de papel-manteiga é fácil de fazer e você pode usá-lo para pequenas tarefas, como escrever no bolo, aplicar chocolate derretido ou decorar. Os cones de papel-manteiga também podem ser usados quando você não tiver um saco de confeitar à mão ou se todos os seus sacos estiverem sendo usados.

Para fazer um cone de papel-manteiga: Corte um quadrado de papel-manteiga, com 30 centímetros de lado, e corte-o ao meio, na diagonal. Você pode usar uma tesoura ou pode colocar o papel sobre uma tábua e usar a ponta de uma faca bem afiada para cortar. Você terá dois triângulos. Agora você só vai usar um deles. Guarde o outro para uma próxima vez.

Faça o cone: Com uma mão, segure o triângulo na sua frente, com a ponta virada para baixo. Use a outra mão para enrolar o papel em volta dele mesmo. Você vai precisar dar duas voltas para usar todo o papel.

Aperte o cone: Pressione o lado mais largo e aberto do cone com o seu polegar e o indicador e esfregue os dedos várias vezes para apertar o papel. Ele deve continuar aberto e largo, mas firme e com formato de cone.

Encha o cone: Use uma colher de sopa ou uma pequena espátula para encher cerca de 2/3 do cone com o recheio de sua preferência. Segure firme para ele não desenrolar.

Feche a parte de cima: Enrole a parte mais larga e aberta para fechar o cone. Pressione para que o recheio vá todo para a ponta de baixo.

Corte a ponta de baixo: Use uma tesoura para cortar a pontinha da parte inferior do cone. Para fazer um bico simples, corte uma pontinha de cada vez, até atingir a espessura desejada. Para um bico de folha, corte um V na ponta dobrada e alisada.

f

49

COZINHANDO COM AS CRIANÇAS NOS DIAS DE TEMPO RUIM

Como empresário, os dias muitos frios são complicados – poucas pessoas enfrentam a natureza para ir até a nossa confeitaria. Mas eu sempre prefiro ver o lado bom das coisas, mesmo quando o tempo está péssimo. São nessas ocasiões, em que o clima está horrível, como nos dias de neve quando as escolas não funcionam ou naqueles fins de semana em que a chuva não para e a gente fica preso em casa, que tiramos um dia inteiro para cozinhar com as crianças. Mesmo com a minha família tocando uma confeitaria, há algo de especial em nos reunirmos em casa e prepararmos uma refeição incrível. Nós fazemos sanduíches, sopa, biscoitos e – é claro – bolos. Não há nada igual a cozinhar em família e estas receitas transformam até mesmos os dias mais frios e chuvosos em uma oportunidade para nos divertirmos e vivermos momentos que vão ficar em nossa memória.

COZINHANDO COM AS CRIANÇAS NOS DIAS DE TEMPO RUIM

SOPA FÁCIL DE TOMATE

{4 A 6 PESSOAS}

Na foto, com *Sanduíche de queijo, bacon e broto de alfafa* (receita na p. 54)

Como muitas famílias ítalo-americanas, quando eu era criança nós
preparávamos tomates em conserva no final de cada verão (atualmente, nós nos reunimos com a família de Lisa na fábrica e fazemos essa tradição em escala industrial). Uma das minhas maneiras favoritas de comer esses tomates era a sopa que minha mãe fazia: fácil, rápida e com manjericão. Eu adorava essa sopa, especialmente nos dias de chuva. Lá fora estava um aguaceiro, eu entrava em casa, tirava os sapatos e me sentava com minhas irmãs para comer.

Meu pai cuidava de uma horta no quintal dos fundos que sempre tinha manjericão. Quando minha mãe fazia esta sopa, ela pedia para eu colher um pouco. Eu ainda me lembro do cheiro forte, que lembrava o verão. Agora, meu filho, Buddy Jr., é quem mantém uma horta, e se vamos cozinhar alguma coisa que precise de ervas, pedimos para ele colher, como eu costumava fazer.

Esta é uma sopa que pode ser servida mais espessa ou mais líquida, conforme o seu gosto.

2 colheres (sopa) de manteiga sem sal

1 cebola grande, bem picada

2 dentes de alho, bem picados

2 latas de tomates inteiros e descascados, com 800 g cada

1 xícara de caldo de galinha, ou mais se necessário

½ xícara de folhas de manjericão (sem apertar), lavadas e grosseiramente picadas ou rasgadas

½ xícara de creme de leite fresco ou de leite integral, ou uma mistura de ambos

sal

pimenta-do-reino moída na hora

1. Aqueça uma panela de fundo grosso em fogo médio. Coloque a manteiga e deixe derreter até formar espuma. Acrescente a cebola e o alho e refogue por 4 minutos, mexendo de vez em quando até que fiquem macios, mas não dourados. Esmague com as mãos os tomates e adicione-os com o suco. Em seguida, acrescente o caldo de galinha. Aumente o fogo e deixe ferver. Então, abaixe o fogo e deixe cozinhando por cerca de 10 minutos, mexendo de vez em quando até que os tomates comecem a se desmanchar. Reserve duas colheres (sopa) de manjericão e jogue o restante na panela.

2. Usando um mixer de mão, ou trabalhando com pequenas porções no liquidificador (veja observação), bata a sopa até virar um creme quase homogêneo. Incorpore o creme de leite, tempere com sal e pimenta-do-reino e ajuste a consistência colocando mais creme ou mais caldo de galinha. Decore os pratos individuais com o manjericão reservado.

Líquidos quentes: *Tome cuidado quando for bater líquidos quentes no liquidificador, porque o vapor e o calor podem fazer a tampa voar longe. Uma boa maneira de impedir isso é tirar aquela tampinha do meio e cobrir o buraco com um pano de prato dobrado e úmido. Assim, o vapor vai poder sair. E não encha todo o copo do liquidificador para que a sopa não espirre por todo lado!*

FESTAS EM FAMÍLIA COM O CAKE BOSS

SANDUÍCHE DE QUEIJO, BACON E BROTO DE ALFAFA

{4 SANDUÍCHES}

Foto na p. 52

Minha esposa Lisa está sempre procurando maneiras de fazer as crianças consumirem alimentos mais saudáveis, o que não é fácil quando a sua família tem uma confeitaria! A filosofia pessoal dela é que, mesmo que nem tudo o que comemos seja exatamente pouco gorduroso ou calórico, você ainda pode ensinar as crianças a amar comida saudável. Este sanduíche ilustra o que ela pensa. Há brotos de alfafa, o pão é integral ou multigrãos e grelhado em uma panela antiaderente, então não é preciso usar muita manteiga (ou maionese).

Este sanduíche não só é delicioso, mas é o acompanhamento perfeito para a *Sopa fácil de tomate* (p. 53). Molhar o sanduíche na sopa vai acabar com a tristeza até do pior dia do ano.

8 fatias de bacon

8 fatias de pão integral ou multigrãos

2 colheres (sopa) de manteiga em temperatura ambiente, ou de maionese

8 fatias (cerca de 230 g) de queijo prato

¼ xícara de brotos de alfafa

1. Aqueça uma frigideira grande e de fundo grosso em fogo médio. Coloque as fatias de bacon lado a lado (se precisar sobrepô-las ou apertar um pouquinho, tudo bem). Cozinhe, virando de vez em quando, até que fiquem douradas e crocantes. Retire e coloque em um prato com papel absorvente.

2. Espalhe um pouco de manteiga ou de maionese (aproximadamente ¾ de colher de chá) em um lado das fatias dos pães. Sobre o lado sem manteiga, coloque uma fatia de queijo, um pouco de broto de alfafa e duas fatias de bacon. Cubra com outra fatia de queijo e termine com uma segunda fatia de pão, com o lado untado para fora. Repita o processo para montar os outros sanduíches.

3. Preaqueça uma sanduicheira ou uma frigideira antiaderente em fogo médio. Coloque os sanduíches na frigideira e deixe tostar por 2–3 minutos, pressionando-os de vez em quando, até que fiquem dourados e crocantes. Vire com cuidado usando uma espátula larga e grelhe mais 3 minutos, até ficarem dourados e o queijo derreter (baixe o fogo e tampe a frigideira se o pão ficar dourado antes que o queijo esteja derretido). Corte na diagonal e sirva.

COZINHANDO COM AS CRIANÇAS NOS DIAS DE TEMPO RUIM

NOZES NO TRONCO

{8 PORÇÕES}

Não sei quem inventou este lanche, mas é uma forma brilhante de fazer as crianças comerem salsão: rechear os talos com manteiga de amendoim e decorá-los com gotas de chocolate e com avelãs. Pode não ser tão impressionante como os bolos temáticos que fazemos na confeitaria, mas as crianças adoram rechear, decorar e depois comer o salsão.

4 talos grandes de salsão, lavados, sem as pontas e cortados ao meio na horizontal
2/3 xícara de manteiga de amendoim cremosa ou crocante
2 colheres (sopa) de gotas de chocolate branco
2 colheres (sopa) de gotas de chocolate meio amargo
1/4 xícara de avelãs

Usando uma faca sem ponta, recheie cada metade de salsão com um pouco de manteiga de amendoim. Decore alternando gotas de chocolate branco, de chocolate meio amargo e avelãs.

BISCOITOS DE MAÇÃ E AVEIA

{12 BISCOITOS GRANDES}

Durante um inverno terrível, minha família se acostumou a comer, todas as manhãs, um belo prato de mingau de aveia bem quente. Na verdade, nem todos comiam: Buddy Jr., que odiava aveia, se recusava a comer. Lisa tentou de tudo, mas nada funcionou até que ela misturou a aveia com maçãs verdes, um pouco de açúcar mascavo e canela. E essa combinação acabou indo parar em biscoitos, que ficaram cheios de sabor e textura e são tão bem-vindos em um dia frio e úmido como o mingau quente naquele inverno.

BISCOITOS

1 ½ xícara mais 2 colheres (sopa) de manteiga sem sal, em temperatura ambiente

2 maçãs verdes pequenas, descascadas, sem sementes e cortadas em pedaços de 1 cm

⅔ de xícara mais 1 colher (chá) de açúcar mascavo

canela em pó

sal

1 ovo grande

½ colher (chá) de extrato de baunilha

¾ xícara de farinha de trigo

½ colher (chá) de bicarbonato de sódio

1 ½ xícara de aveia

COBERTURA

1 ¼ xícara de açúcar de confeiteiro

¼ colher (chá) de extrato de baunilha

1. Coloque a grade no centro do forno e preaqueça-o a 180ºC.

2. Aqueça uma panela pequena e de fundo grosso em fogo médio-alto. Coloque 2 colheres (chá) de manteiga e deixe derreter. Acrescente a maçã, 1 colher (chá) de açúcar mascavo e uma pitadinha de sal. Mexa bem. Cozinhe por 3 minutos, mexendo de vez em quando, até que as maçãs comecem a ficar macias.

3. Bata na batedeira o restante da manteiga e do açúcar mascavo em velocidade média-alta, até que a mistura fique clara e fofa. Adicione o ovo e a baunilha e bata novamente para incorporar tudo.

4. Em outra tigela, misture a farinha, a aveia, o bicarbonato, uma pitada generosa de sal e acrescente a mistura seca ao restante da massa, batendo em velocidade baixa.

5. Forre duas assadeiras com papel-manteiga. Coloque duas colheres (sopa) de massa para formar cada biscoito e deixe um espaço de pelo menos 5 centímetros entre eles. Leve ao forno por 15 minutos, trocando as formas de lugar na metade do tempo de cozimento. Retire do forno e deixe esfriar na própria assadeira por alguns minutos. Depois, transfira-os para uma grade ou grelha, para esfriarem completamente.

6. Para fazer a cobertura (opcional): coloque o açúcar de confeiteiro, o extrato de baunilha, 1 colher (sopa) de água em uma tigela média e misture até que fique homogêneo. Aplique sobre os biscoitos (sem cobri-los) usando uma colher.

FESTAS EM FAMÍLIA COM O CAKE BOSS

BOLINHAS DE CHOCOLATE
E COCO SEM FARINHA

{12 UNIDADES}

Na fotografia, com *Discos de caramelo e nozes*, receita na p. 62

Os *macarons* de chocolate são um sucesso na Carlo's Bake Shop. Estas bolinhas de chocolate são um jeito fácil e caseiro de conseguir um sabor e uma textura semelhantes.

120 g de chocolate meio amargo, grosseiramente picado, ou de gotas de chocolate

4 claras

2 colheres (sopa) de açúcar

sal

½ colher (chá) de extrato de baunilha

3 xícaras de coco ralado adoçado

1. Coloque a grade no centro do forno e preaqueça-o a 150°C.

2. Derreta o chocolate no micro-ondas ou em banho-maria, mexendo de vez em quando, até que fique homogêneo. Deixe esfriar um pouco.

3. Coloque as claras, o açúcar, uma pitada de sal, a baunilha e o coco em uma tigela grande e misture-os com uma colher de pau. Adicione o chocolate derretido e mexa bem, para incorporar todos os ingredientes.

4. Forre uma assadeira com papel-manteiga ou com tapete de silicone. Coloque a mistura de coco e chocolate na assadeira, formando bolinhas de cerca de 5 centímetros de diâmetro e afastadas 5 centímetros entre si. Asse por 16 a 18 minutos. Retire do forno e deixe esfriar completamente. As bolinhas podem ser armazenadas em um pote hermético em temperatura ambiente por dois ou três dias.

FESTAS EM FAMÍLIA COM O CAKE BOSS

DISCOS DE CARAMELO E NOZES

{12 UNIDADES}
Foto na p. 61

Antigamente, na Carlo's Bake Shop, nós costumávamos fazer um *nougat* italiano clássico, chamado *torrone*, que leva amêndoas, açúcar e canela. Nós cortávamos e vendíamos por quilo. Nós não fazemos mais *torrone* porque os jovens norte-americanos não conhecem esse doce. Mas eu ainda sinto saudades dele, que serviu de inspiração para esta receita mais moderna.

½ xícara de vários tipos de castanhas, como noz, castanha-de-caju, amêndoa e amendoim, sem sal ou levemente salgadas
12 balas macias de caramelo
60 g de chocolate meio amargo, grosseiramente picado, ou de gotas de chocolate

1. Coloque a grade no centro do forno e preaqueça-o a 180°C.

2. Pique bem 2 colheres (sopa) das castanhas e reserve. Usando a palma das mãos, pressione as balas de caramelo para achatá-las, até que fiquem com a metade da altura.

3. Coloque as castanhas no fundo de uma forma para minimuffins com capacidade para 12 bolinhos. Elas devem ficar bem apertadas, formando uma camada fina e achatada. Coloque as balas em cima das castanhas e leve ao forno. Asse por 6 a 7 minutos, até que os caramelos comecem a derreter e a grudar nas castanhas. Se necessário, aperte-os um pouco para ajudar as castanhas a grudarem.

4. Derreta o chocolate no micro-ondas ou em banho-maria, até que fique homogêneo. Coloque uma colherada do chocolate derretido em cima de cada bala, alisando o chocolate com as costas da colher para que ele cubra praticamente todo o caramelo. Decore com as castanhas picadas por cima.

5. Leve à geladeira por 1 hora na própria forma para que o chocolate endureça. Retire da forma e sirva (eles duram até uma semana).

COZINHANDO COM AS CRIANÇAS NOS DIAS DE TEMPO RUIM

BOLO EM CAMADAS COM COBERTURA COLORIDA

{UM BOLO DE 23 CENTÍMETROS}

Com quatro filhos e cerca de um milhão de sobrinhos que entram e saem de minha casa o tempo todo, acho que sei um pouquinho sobre o que é estar na cozinha com crianças. O mais importante quando você deixa uma criança cozinhar ou decorar é providenciar que tudo dê certo e que ela se sinta satisfeita com o resultado. Este bolo em camadas, colorido e meio maluco, é uma ótima opção e, quando preparado em um dia nublado, as cores vibrantes da cobertura podem animar o ambiente.

Você não precisa usar exatamente as mesmas cores que eu usei aqui, mas use cores fortes para criar o efeito de tingimento. Você pode fazer o bolo de sua preferência, mas a cobertura é tão elaborada que a melhor escolha é um bolo de baunilha ou de chocolate.

2 bolos de sua preferência, com 23 centímetros cada (pp. 302 a 308)
8 xícaras (1 ½ receita) de *Creme de manteiga para decoração* (p. 312), dividido em quatro partes e tingido com quatro cores, sendo 3 ½ xícaras de cor-de-rosa e 1 ½ xícara de amarelo, 1 ½ de azul e 1 ½ de laranja (ou outras cores da sua preferência)

UTENSÍLIOS
1 círculo de papelão de 25–30 centímetros de diâmetro
saco de confeitar e bico redondo grande

1. Com uma faca de serra, retire a casca da parte de cima dos bolos (a).

2. Coloque o círculo de papelão em um prato giratório. Ponha uma colherada do creme cor-de-rosa no centro e apoie o bolo em cima (b). O creme vai manter o bolo no lugar.

3. Use uma espátula para rechear o bolo com o creme cor-de-rosa (c) (veja dicas na p. 295).

4. Coloque o outro bolo por cima (d).

5. Use uma espátula para cobrir a lateral e a parte de cima do bolo com as outras quatro cores de creme de manteiga, usando mais ou menos uma cor em cada um quarto do bolo (e).

6. Vá virando o prato para espalhar e alisar a cobertura, mas não misture demais as cores; elas devem se sobrepor, mas não se misturar a ponto de virar outra cor (f).

7. Faça umas pontas espetadas batendo com a espátula de leve na cobertura, nas laterais e em cima (g, h).

8. Com uma espátula de borracha, encha o saco de confeitar com os cremes, mantendo as cores separadas girando um pouco o saco a cada adição e não apertando, para elas não se misturarem. Assim, quando você for decorar, vão se formar listras.

9. Aperte o saco de confeitar e solte puxando um pouco, para fazer bolinhas de ponta espetada ao redor da base do bolo (i). Com o prato giratório parado, decore a parte de cima do bolo formando pequenos redemoinhos de cobertura colorida (j).

PÁSCOA

A Páscoa é um feriado um pouco diferente para a minha família, porque a confeitaria está sempre aberta. Sendo assim, grandes comemorações são raras, embora tenhamos tentado: talvez você tenha assistido ao episódio do programa em que minha irmã Grace, famosa por não saber cozinhar, arruinou o jantar de Páscoa. Ultimamente, aqui em casa, fazemos uma celebração mais íntima e calma, com poucas pessoas. Embora o local e o tamanho da festa tenham mudado, temos algumas receitas favoritas que já preparamos muitas vezes nessa ocasião especial. Em outras palavras, na Páscoa, os pratos é que são a tradição para nós. Não importa quem está à mesa ou quantas pessoas estão na sala, estes são os pratos que sempre vão significar Páscoa para mim.

FESTAS EM FAMÍLIA COM O CAKE BOSS

CROSTINI COM RICOTA E MEL

{4 A 8 PESSOAS}

Na foto, com *Salada de espinafre* baby e *alcachofras marinadas* (receita na p. 72)

Quando é a hora de receber convidados em casa, os *crostini* são uma das minhas opções favoritas: fatias simples de pão torradas, às quais você acrescenta recheios como fígado de galinha *sautée*, feijão branco ou qualquer outra coisa que você ache que vai dar certo. Não há nada de incomum em rechear os *crostini* com ricota, mas em uma Páscoa, um pouco antes dos nossos convidados chegarem, sem pensar, troquei os grãos de pimenta-do-reino que geralmente usava para decorar o *crostini* por mel e assim nasceu uma nova tradição. O mel, a ricota e as raspas de limão combinam muito bem.

1 baguete cortada em fatias diagonais, com 2,5 centímetros de espessura cada
1 colher (sopa) mais 2 colheres (chá) de azeite de oliva extravirgem
1 xícara de ricota (não use a desnatada)
½ colher (chá) de raspas de limão bem finas
sal
pimenta-do-reino moída na hora
2 colheres (chá) de mel

1. Posicione a grade no centro do forno e preaqueça-o a 180ºC. Você também pode usar um miniforno elétrico preaquecido a 180ºC.

2. Regue ou pincele 2 colheres (chá) de azeite de oliva nas fatias de baguete e toste por 8–10 minutos, até que fiquem douradas.

3. Enquanto isso, prepare a ricota. Em uma tigela, use uma espátula de borracha para misturar a ricota, as raspas de limão, sal a gosto, a pimenta e o restante do azeite de oliva.

4. Cubra cada fatia de baguete com 2 colheres (sopa) da ricota temperada. Finalize com uma gota de mel, sal e pimenta-do-reino. Arrume os *crostini* em um prato e sirva.

FESTAS EM FAMÍLIA COM O CAKE BOSS

SALADA DE ESPINAFRE *BABY* E ALCACHOFRA MARINADA

{4 PESSOAS}

Foto na p. 71

Vá a uma loja de especialidades italianas e, atrás do balcão, você verá todo tipo de *antipasti*: cogumelos marinados, pimentões vermelhos assados, azeitonas em conservas caseiras. Um dos meus preferidos é alcachofra ao estilo romano, que como sem nenhum acompanhamento. Minha irmã Madeline sabe o quanto eu gosto dessas alcachofras e, em um aniversário meu, ela preparou essa salada e levou para o jantar de comemoração. Na Páscoa seguinte, eu já havia incorporado a salada ao repertório da festa. Ela é carregada de sabor: reúne o gosto penetrante do vinagrete de mostarda, das alcaparras salgadas e do espinafre. Se você acrescentar um pouco de atum em lata, pode transformá-la em um almoço.

3 colheres (sopa) de vinagre de vinho branco

½ colher (chá) de mostarda Dijon

¼ colher (chá) de açúcar

sal

pimenta-do-reino moída na hora

¼ xícara mais 2 colheres (sopa) de azeite de oliva extravirgem

8 xícaras de espinafre *baby*

4 alcachofras longas, marinadas e cortadas ao meio no sentido do comprimento

atum em lata ou em conserva (opcional)

2 colheres (chá) de alcaparras (no sal ou na salmoura)

¼ xícara de lascas de parmesão fresco (fatie com um descascador de vegetais)

1. Coloque o vinagre, a mostarda, o açúcar e uma pitada de sal e de pimenta-do-reino em uma tigela média e misture bem. Aos poucos, incorpore o azeite de oliva, inicialmente adicionando algumas gotas de cada vez e, depois, em um fluxo contínuo e fino, até que o molho emulsifique. Na hora de servir, coloque as folhas de espinafre na tigela e misture delicadamente.

2. Divida o espinafre entre os quatro pratos em que vai servir. Coloque duas metades de alcachofra nas extremidades de cada prato. Se for adicionar o atum, separe os pedaços com um garfo e distribua-o igualmente sobre o espinafre. Jogue as alcaparras por cima e finalize com as lascas de parmesão.

PÁSCOA

POLENTA CREMOSA COM PIMENTA-DO-REINO

{4 PESSOAS}
Foto na p. 74

Minha esposa, Lisa, faz polenta o tempo todo, o que é um deleite para nós, já que ela tem dom para isso. Polenta é fubá cozido no leite, no creme de leite, no caldo de galinha, na água ou em uma combinação de alguns ou de todos esses ingredientes. Às vezes, quando eu tento explicar para os americanos, principalmente os do sul, o que é polenta, eles dizem: "Ah, *grits*", que é o milho moído, parecido com uma canjica, usado para preparar um mingau. Mas polenta e *grits* não são iguais. Quando a polenta é preparada da forma correta, ela satisfaz o apetite como o purê de batatas e pode acompanhar carnes, absorvendo o molho do prato.

Esta é uma das minhas variações preferidas de polenta. Combina caldo de galinha e leite com a quantidade de pimenta-do-reino ideal para a gente perceber que ela está ali. Você pode usar a pimenta moída grossa, para destacar a sua presença, ou até mesmo não usá-la. A polenta fica deliciosa com carnes assadas ou refogadas, como costelas ou ossobuco. Para valorizar um ensopado de carne, sirva-o com esse acompanhamento.

2 xícaras de leite, ou mais, se necessário
2 xícaras de caldo de galinha, ou mais se necessário (opcional)
3 colheres (chá) de sal
1 folha de louro
1 xícara de polenta instantânea
1 colher (sopa) de manteiga sem sal
½ colher (chá) de pimenta-do-reino moída na hora

Em uma panela média, coloque para ferver o leite, o caldo de galinha (que pode ser substituído por água), o sal e a folha de louro. Adicione a polenta aos poucos, como um chuveirinho, mexendo vigorosamente e sem parar, para que não empelote. Cozinhe em fogo baixo por 3–4 minutos, até que a polenta engrosse (ela ainda deve estar meio líquida; acrescente mais caldo de galinha, leite ou água se for necessário, para ajustar a consistência). Em fogo bem baixo, incorpore a manteiga e a pimenta-do-reino. Sirva imediatamente.

PÁSCOA

COSTELETAS DE CORDEIRO COM CROSTA DE PISTACHE

{4 PESSOAS}

Na foto, acompanhadas da *Polenta cremosa com pimenta-do-reino*, receita na p. 73

Só existe uma coisa que os ítalo-americanos comem como prato principal
na Páscoa: cordeiro. Embora geralmente o corte usado seja a paleta de cordeiro, eu acho que as
costeletas podem ser mais surpreendentes e também um pouco mais elegantes, se você estiver
oferecendo um jantar formal. Esta receita é um pouco diferente: as costeletas recebem uma crosta de
pistache e uma cobertura à base de farinha de rosca. Com inspiração na tradição de comer cordeiro
com geleia de hortelã, como os mais velhos faziam quando eu era criança, a crosta de farinha de rosca e
pistache também recebe hortelã.

Esta receita rende duas costeletas por pessoas, mas pode ser aumentada.

1 dente de alho
½ xícara de pistache cru, sem casca e sem sal
¼ de xícara de farinha de rosca fina
1 colher (chá) de raspas de limão-siciliano e mais
    2 colheres (chá) de suco de limão fresco
¼ de xícara de azeite de oliva extravirgem
⅔ de xícara de hortelã fresca
1 carrê de cordeiro (aproximadamente
    700 g), sem gordura (peça ao seu
    açougueiro para preparar a peça)
¾ colher (chá) de sal

1. Coloque a grade no terço superior do forno e preaqueça-o a 200°C.

2. No processador, junte o alho, os pistaches, a farinha de rosca e as raspas de limão e, com a lâmina de corte, processe por 30 segundos ou até que os ingredientes fiquem finamente moídos. Adicione o suco de limão e o azeite de oliva e processe novamente para deixar a mistura pastosa. Acrescente as folhas de hortelã e pulse para incorporá-las. A mistura deve ficar úmida e firme quando pressionada entre os dedos.

3. Cubra uma assadeira com papel alumínio. Tempere o carrê com sal e esfregue 2 colheres (sopa) de azeite de oliva. Coloque-o sobre o papel alumínio com os ossos para cima, mas virados para dentro. Com as mãos, pressione a mistura de pistache nas costas da costela para ela grudar, distribuindo-a de forma homogênea (cubra apenas a carne, não os ossos).

4. Leve ao forno e asse por 25–30 minutos, até que a crosta comece a ficar dourada e a carne esteja ao ponto para malpassada (se você inserir um termômetro no meio na carne, a temperatura deve ser 60°C). Retire do forno e puxe as pontas do papel alumínio para cima, fechando sobre a costela, sem apertar; deixe descansar por 5 minutos.

5. Divida o carrê em costelas, cortando entre os ossos. Recolha os pedacinhos da crosta que se soltarem para servir junto.

PÁSCOA

COGUMELOS ASSADOS COM SALSA FRESCA

{4 PESSOAS}

Este é um prato que minha avó sempre preparava quando eu era criança. Hoje em dia, os cogumelos selvagens são mais apreciados e bem mais caros. Mas Mama me ensinou cedo que, se você sabe o que está fazendo na cozinha, pode deixar até o ingrediente mais básico delicioso. Aqui, os cogumelos frescos ganham força com o sabor do alho, da echalote e da salsinha. Não preparamos estes cogumelos somente na Páscoa, mas também em outras comemorações durante o ano, porque eles vão bem com quase tudo e praticamente qualquer pessoa pode prepará-los.

½ kg (aproximadamente) de cogumelos frescos, os maiores cortados ao meio ou em quatro (veja observação)

3 colheres (sopa) de óleo vegetal, como o de canola

sal

pimenta-do-reino moída na hora

2 dentes de alho bem picados

1 colher (sopa) de echalote bem picada (cerca de ½ echalote pequena)

2 ½ colheres (sopa) de manteiga sem sal

½ colher (chá) de mostarda Dijon

2 colheres (sopa) de salsa lisa fresca picada

1. Coloque a grade no centro do forno e preaqueça-o a 220°C.

2. Ponha os cogumelos em uma assadeira grande e rasa e adicione o óleo, sal a gosto, pimenta-do-reino a gosto, o alho e a echalote. Mexa delicadamente para misturar os ingredientes. Corte a manteiga em pedaços e distribua-os sobre os cogumelos.

3. Asse os cogumelos, mexendo uma ou duas vezes para que cozinhem por igual, por 15–17 minutos, até que fiquem marrom--escuro e que o caldo reduza. Use uma colher vazada para transferi-los para uma tigela em que for servir. Tempere a gosto com mais sal, se desejar. Depois, acrescente a mostarda e jogue a salsinha por cima.

Do tamanho certo: _É sempre bom cortar os vegetais e os outros ingredientes em pedaços do mesmo tamanho. Isso garante que eles cozinhem por igual._

PÁSCOA

BOLO CÍTRICO COM AZEITE DE OLIVA

{8 PORÇÕES}

Sempre que minha sogra, Gloria, junta-se a nós na Páscoa, ela traz este
incrível bolo de azeite de oliva. Todos nós o adoramos porque é superúmido e tão delicioso que não
precisa mais do que um pouco de raspas de limão e de laranja para complementá-lo. Esta é uma ótima
sobremesa que você pode fazer antecipadamente quando for receber convidados, não apenas na
Páscoa, mas em qualquer época do ano.

manteiga sem sal, para untar a forma
2 xícaras de farinha de trigo e mais um pouco
   para polvilhar a forma
3 ovos
2 ½ xícaras de açúcar
1 ½ xícara de leite
1 ¼ xícara de azeite de oliva extravirgem
   frutado
½ colher (chá) de extrato de baunilha
¼ colher (chá) de raspas finas de limão e mais
   um pouco para decorar
¼ colher (chá) de raspas finas de laranja e
   mais um pouco para decorar
1 colher (chá) de fermento
¼ colher (chá) de sal
1 ¼ xícara de açúcar de confeiteiro
1 colher (sopa) mais 1 colher (chá) de suco de
   laranja fresco

1. Coloque a grade no centro do forno e
   preaqueça-o a 180ºC.

2. Unte uma forma redonda de bolo tipo Bundt
   (com um buraco no meio e ornamentada),
   com 25 centímetros de diâmetro, ou outra

forma equivalente, untada com manteiga e
polvilhada com farinha. Coloque os ovos e
o açúcar em uma tigela grande e bata bem.
Depois, incorpore o leite, o azeite de oliva,
a baunilha, as raspas de limão e de laranja.

3. Em outra tigela, peneire a farinha, o fermento
   e o sal. Trabalhando em duas ou três porções,
   adicione os ingredientes secos aos líquidos,
   batendo até ficar uma massa lisa e homogênea. Despeje a massa na forma preparada.

4. Leve ao forno por cerca de 1 hora e 20 minutos, até que a parte de cima fique dourada e,
   ao enfiar um palito no meio do bolo, ele saia
   limpo. Deixe esfriar parcialmente na forma.
   Depois, desenforme o bolo e deixe-o terminar de esfriar em cima de uma grade.

5. Enquanto isso, faça o glacê. Com um garfo,
   misture o açúcar de confeiteiro e o suco de
   laranja até que fique líquido, mas grosso.
   Com uma colher, cubra o bolo com o glacê,
   deixando-o escorrer pelo lado. Decore com
   raspas de limão e de laranja.

FESTAS EM FAMÍLIA COM O CAKE BOSS

TORTA DE TRIGO ITALIANA

{10 A 12 PESSOAS}

A torta de trigo, ou *pastiera di grano*, é uma especialidade italiana de Páscoa. Não é mais tão popular porque não é conhecida pelos mais jovens, mas ela era a sobremesa de Páscoa quando eu era garoto. E eu sempre vou adorá-la pela textura única que se obtém quando se cozinha os grãos de trigo com manteiga e com água de flor de laranjeira. Não há nada igual e eu recomendo que você faça e veja se ela não se tornará parte obrigatória do seu cardápio de Páscoa.

½ kg de ricota

1 xícara de açúcar

3 colheres (sopa) de água de flor de laranjeira

½ colher (chá) de raspas finas de casca de limão-siciliano

½ colher (chá) de raspas finas de casca de laranja

3 ovos

½ kg de trigo em grão cozido e resfriado (cerca de 3 xícaras)

1 *Pasta frolla* (p. 83)

1. Posicione a grade no centro do forno e preaqueça-o a 180ºC.

2. Na tigela da batedeira, coloque a ricota, o açúcar, a água de flor de laranjeira, as raspas de limão e de laranja e bata com a pá em velocidade baixa até que fique homogêneo (você também pode bater à mão, usando uma colher de pau). Adicione os ovos, um de cada vez, mexendo até a mistura ficar macia e então incorpore o trigo cozido. Misture bem.

3. Despeje essa mistura em uma forma forrada com a *pasta frolla*. Faça tiras de massa para cobrir a torta, usando três tiras paralelas em intervalos regulares e depois cruzando outras três tiras.

4. Asse por 1 hora até que a torta fique fofa, dourada e firme, mas não dura no centro. Retire do forno e deixe esfriar completamente antes de servir.

Raspas de frutas cítricas: *Não há nada mais maravilhoso que um ralador Microplane para se obter raspas bem finas das cascas de limão, limão-siciliano e laranja. Originalmente uma ferramenta usada para trabalhar com madeira, é um utensílio com dúzias de pequenas lâminas que removem a casca em pequenas lascas espirais. Só tome cuidado para não raspar a parte branca e amarga junto com a casca. Também é ótimo para ralar queijos duros, como parmesão e pecorino.*

PÁSCOA

PASTA FROLLA

{PARA UMA TORTA DE 25 CENTÍMETROS, COM ENFEITE XADREZ}

Esta massa italiana é uma das mais usadas na nossa cozinha na Carlo's
Bake Shop. Ela é base para tortas como a *pasticiotti* (pequenas tortas recheadas com creme) e a *crostata*. Para acrescentar ainda mais sabor, substitua ½ xícara de farinha de trigo por ½ xícara de farinha de amêndoa ou de pistache.

230 g de manteiga sem sal, em temperatura ambiente
1 xícara de açúcar
½ colher (chá) de raspas finas de limão-
-siciliano
½ colher (chá) de extrato de baunilha
½ colher (chá) de mel
uma pitadinha de bicarbonato de sódio
uma pitadinha de fermento
¼ xícara de água em temperatura ambiente
2 xícaras de farinha de trigo

1. Coloque a manteiga e o açúcar na tigela da batedeira e, com o batedor de pá, bata por cerca de 3 minutos em velocidade média, até que a manteiga fique fofa. Pare a batedeira e raspe os lados da tigela com uma espátula.

2. Adicione as raspas de limão, a baunilha, o mel, o bicarbonato e o fermento. Bata por 1 minuto, pare e misture novamente com a espátula.

3. Acrescente a água e bata por 2 minutos em velocidade média, para incorporá-la e criar uma massa. Adicione a farinha e bata por 1 minuto até a mistura ficar homogênea, tomando cuidado para não bater demais.

4. Retire a massa da batedeira, forme uma bola e cubra bem com um filme plástico. Leve à geladeira por cerca de 30 minutos.

5. Reserve ¼ da massa para fazer a cobertura. Abra o restante até ficar com aproximadamente 35 centímetros de diâmetro e coloque em uma forma de 25 centímetros.

6. Abra a massa reservada até ficar com a mesma espessura da anterior e corte seis tiras de 2 centímetros de largura cada, para fazer o xadrez da cobertura.

PÁSCOA

BOLO DE CESTA DE PÁSCOA

{UM BOLO DE 23 CENTÍMETROS}

Este bolo é tão bonito que quase se transforma em uma cesta de Páscoa, com a lateral igual a uma cesta de vime, grama na parte de cima e doces, jujubas (representando os ovos) e chocolates na cobertura, como o recheio da cesta. Tenho que ser honesto com você, este bolo não é fácil de fazer: tecer a cesta de vime com o bico de confeitar requer habilidade e precisão, então, isto é para aqueles que têm mais experiência em decorar bolos. Entretanto, se você tem pelo menos um pouco de experiência com o saco de confeitar e o prato giratório, ou aprende rápido, tente fazer este bolo na próxima Páscoa. É um bolo divertido, alegre e inesquecível, que pode se tornar uma tradição na sua família como se tornou na minha.

2 bolos de 23 centímetros à sua escolha (pp. 302 a 308)
cerca de 3 xícaras de *Creme de manteiga para decoração* (p. 312) branco, em um saco de confeitar com o bico de estrela aberta grande
Cobertura de chocolate (p. 314), em um saco de confeitar com o bico de serra médio
3 xícaras de *Creme de manteiga para decoração* (p. 312) verde, em um saco de confeitar com o bico de chuveirinho
balas e doces diversos, como chocolates, jujubas, coelhinhos etc., para enfeitar o bolo

PÁSCOA

1. Em um prato giratório, monte sobre um prato de papelão coberto com papel decorativo um bolo de duas camadas, com receita e recheio de sua preferência. Cubra todo o bolo com uma camada de creme de manteiga branco (a).

2. Usando o bico de serra com a cobertura de chocolate, trabalhe de baixo para cima. Com o lado liso do bico voltado para o bolo (veja observação), faça linhas verticais ao redor de todo o bolo, deixando um espaço de 3 milímetros entre elas e girando o prato depois de fazer cada linha (b).

3. Em seguida, começando pela base e girando o prato à medida que você trabalha, faça tiras horizontais passando por cima de uma linha vertical e pulando a próxima; repita até terminar a primeira fileira. Para a segunda fileira, comece fazendo a tira horizontal passando por cima de uma linha vertical que você pulou na primeira fileira (c).

4. Repita o processo, alternando as tiras horizontais sobre as linhas verticais, até cobrir toda a lateral do bolo com uma trama igual a uma cesta de vime (d).

5. Usando o saco de confeitar com o creme de manteiga verde, faça a grama com movimentos de apertar, soltar e puxar para cima. Comece pela borda e deixe a grama cair um pouco dos lados. Cubra toda parte de cima do bolo com o creme verde (e).

6. Decore com os chocolates, as jujubas e as balas (f).

Observação: *O bico de serra tem um lado liso e outro com uma serrinha.*

87

CHÁ DA TARDE

Minha filha Sofia adora convidar as amigas para tomar um lanche caprichado com chá (descafeinado). Para um cara como eu, que passou a infância jogando bola na rua e nos parques, é realmente encantador receber um grupo de jovenzinhas em nossa casa para uma ocasião tão chique e sofisticada. E como confeiteiro, adoro o desafio de criar opções de lanches para elas. Este capítulo inclui os favoritos de Sofia, como pequenas quiches de queijo e couve-flor, biscoitos amanteigados que podem ser cortados em diversas formas e tamanhos, pequenos scones com gotas de chocolate e minissanduíches recheados com creme de chocolate e avelãs, ao invés do tradicional (e mais adulto) recheio de queijo de cabra e pepino. E, é claro, servimos um chá caseiro de frutas vermelhas e uma sobremesa marcante, como biscoitos decorados com pasta americana no formato de chaleiras. Se seus filhos gostam de receber os amigos para um chá da tarde, estes são os lanchinhos perfeitos para servir. E a maior parte deles também pode ser preparada para levar para uma festa na casa dos amigos.

CHÁ DA TARDE

QUICHE DE QUEIJO CHEDDAR E COUVE-FLOR

{6 PESSOAS}

Na foto, com o *Chá caseiro de frutas vermelhas*, receita na p. 99

Adoro servir pequenas quiches para Sofia e suas amigas nos chás da tarde, porque há algo naturalmente sofisticado neste prato que me parece ser perfeito para a ocasião. Quando servir quiche para crianças, é importante cortá-las em pedaços menores. Você pode usar cortadores com formas geométricas ou com formas divertidas e temáticas, como corações ou borboletas. Mesmo as crianças que normalmente não gostam de quiche ficam animadas com esse tipo de apresentação.

1 rolo de massa pronta para torta (aproximadamente 200 g)

½ cabeça de uma couve-flor grande, cortada em pequenos buquês (2 xícaras)

1 colher (sopa) de manteiga sem sal

½ cebola amarela, picada

6 ovos

½ xícara de leite

1 xícara de queijo cheddar ralado fino

sal

pimenta-do-reino

1. Coloque a grade no centro do forno e preaqueça-o a 190°C. Desenrole a massa de torta e corte-a para cobrir uma forma de 25 centímetros. Faça furinhos na massa com um garfo e leve ao forno por 20 minutos, até que fique levemente dourada. Retire do forno e deixe esfriar um pouco, aproximadamente 10 minutos.

2. Enquanto isso, coloque cerca de 1,5 centímetro de água em uma panela e leve ao fogo médio-alto. Acrescente a couve-flor e cozinhe por 10 minutos, com a panela tampada, até ficar macia. Escorra e reserve para esfriar um pouco. Em uma frigideira pequena, derreta a manteiga até começar a formar espuma. Acrescente a cebola e frite, mexendo frequentemente, até que fique macia, mas não dourada (cerca de 4 minutos).

3. Bata os ovos em uma tigela média. Adicione o leite e o queijo, tempere com sal e pimenta e, por último, acrescente a couve-flor. Despeje a mistura na massa da torta e leve ao forno por cerca de 45 minutos, até que fique firme. Deixe esfriar por 15–20 minutos. Corte usando cortadores de bolacha, pressionando firmemente até o fundo da forma para cortar a massa. Transfira os pedaços para pratinhos e sirva.

CHÁ DA TARDE

SCONES COM GOTAS DE CHOCOLATE

{8 SCONES GRANDES OU 16 PEQUENOS}

Na foto, com *Biscoitos amanteigados simples*, receita na p. 94

De origem britânica, estes pãezinhos feitos com fermento químico

chamados scones não podem faltar em um chá da tarde. Eu acrescento um toque só para crianças: gotas de chocolate! Se você preferir, pode fazer os scones em miniatura, para ficar com o tamanho mais parecido com os outros itens deste capítulo.

2 ½ xícaras de farinha de trigo e mais um pouco para polvilhar
⅓ xícara de açúcar
1 ½ colher (chá) de fermento
sal
6 colheres (sopa) de manteiga sem sal, gelada e cortada em pedaços
2 gemas grandes
¾ xícara de leite e mais um pouco para pincelar
2 colheres (chá) de extrato de baunilha
1 ⅓ xícara de gotas de chocolate meio amargo
açúcar cristal para decorar

1. Posicione a grade no centro do forno e preaqueça-o a 200ºC. Forre uma forma com papel-manteiga.

2. Em uma tigela grande, peneire a farinha, o açúcar, o fermento e uma pitada de sal. Com a ponta dos dedos, incorpore a manteiga até que a mistura fique parecendo uma farofa.

3. Em outra tigela, misture as gemas, o leite e o extrato de baunilha. Adicione os ingredientes secos aos líquidos, mexendo até incorporar tudo. Acrescente as gotas de chocolate e forme uma bola com as mãos.

4. Transfira a massa para uma superfície polvilhada com farinha e abra um disco de 2 centímetros de espessura. Com uma faca afiada e recoberta de farinha, corte a massa em oito fatias iguais. (Para fazer os scones pequenos, divida a massa em dois discos e corte cada um em oito fatias.) Com cuidado, transfira as fatias para a forma preparada, deixando 5 centímetros entre os scones. Pincele gentilmente com o leite e polvilhe uma grande quantidade de açúcar cristal. Asse por 20 minutos, até que fiquem levemente dourados em cima e que um palito enfiado no meio do pãozinho saia limpo. Os scones podem ser armazenados em recipientes hermeticamente fechados, em temperatura ambiente, por até dois dias

FESTAS EM FAMÍLIA COM O CAKE BOSS

BISCOITOS AMANTEIGADOS SIMPLES

{CERCA DE 24 BISCOITOS}
Foto na p. 92

Simples e elegantes, os biscoitos amanteigados são item obrigatório no chá da tarde e fazem um contraste perfeito com as outras opções mais elaboradas deste cardápio.

Você também pode cortar estes biscoitos em qualquer formato, usando um cortador de biscoito. Tome cuidado, pois a massa é delicada.

230 g de manteiga sem sal, em temperatura ambiente
½ xícara de açúcar
½ colher (chá) de extrato de baunilha
sal a gosto
2 xícaras de farinha de trigo e mais um pouco para polvilhar

1. Em uma tigela, coloque a manteiga, o açúcar, a baunilha e o sal e bata até que a mistura fique leve e fofa. Acrescente a farinha e mexa somente até incorporar.

2. Coloque a massa sobre um pedaço grande de filme plástico; use esse filme para ajudar a moldar um retângulo com a massa, com cerca de 2 centímetros de espessura. Cubra bem a massa com o filme plástico e coloque na geladeira por pelo menos duas horas (ela pode ficar na geladeira por até dois dias).

3. Posicione a grade no centro do forno e preaqueça-o a 160°C. Forre uma forma com papel-manteiga. Tire o plástico da massa e coloque-a em uma superfície de trabalho polvilhada com farinha; também polvilhe a massa com um pouco de farinha. Delicadamente, abra a massa com um rolo até ficar com a espessura de aproximadamente 1 centímetros. Corte em quadrados de 2 x 2 centímetros. Perfure o centro dos quadrados com um garfo.

4. Coloque os quadrados na forma com papel-manteiga e asse por 15 minutos, até que comecem a dourar nas bordas. Deixe esfriar na forma por cerca de 10 minutos, depois transfira-os para grades para esfriar completamente. Os biscoitos podem ser armazenados em temperatura ambiente, em um pote hermeticamente fechado, por dois dias.

CHÁ DA TARDE

FOLHADINHO DE MORANGO

{RENDE 6 PORÇÕES}

Como eu venho de uma família de confeiteiros profissionais, eu nunca entendi porque meus amigos adoravam aquelas tortinhas folhadas congeladas. Não tenho nada contra elas, mas não dá para compará-las com uma torta recém-assada e coberta com glacê. O que eu achava mais horripilante é que muitas crianças comiam essas tortinhas sem nem ao menos aquecê-las. Eles as comiam geladas e duras, direto do pacote. Quando os meus filhos começaram a pedir para comprá-las, porque todos os amigos deles adoravam também, decidi criar uma versão caseira para mostrar a eles como este doce poderia ser. Agora, quando seus amigos vêm dormir aqui em casa e pedem tortinhas congeladas para o café da manhã, é isto que servimos para eles.

farinha de trigo para polvilhar
2 discos de massa para torta congelada
(400 g no total) ou prepare duas receitas
de *Massa de torta* (p. 231)
geleia de morango
1 ovo grande
1 xícara de açúcar de confeiteiro
½ colher (chá) de extrato de baunilha
sal
confeitos (opcional)

1. Coloque a grade no meio do forno e preaqueça-o a 190°C. Forre uma forma de biscoito com papel alumínio ou com papel-manteiga.

2. Polvilhe uma superfície com um pouco de farinha. Com um rolo também polvilhado, abra a massa e corte em 12 retângulos de 5 x 7,5 centímetros. (Descarte as pontas arredondadas, no caso da massa pronta.)

3. Transfira seis retângulos para a forma e cubra-os com 1 ½ colher (chá) da geleia de morango, espalhando com as costas de uma colher ou com uma espátula de borracha e deixando uma pequena borda sem geleia de cada lado. Bata o ovo em uma tigela pequena e adicione 1 colher (sopa) de água. Pincele as bordas que ficaram sem recheio com o ovo batido e cubra com outro retângulo de massa. Aperte com o garfo para selar.

4. Leve ao forno por 12–14 minutos, até que fiquem levemente dourados e com aspecto folhado. Retire do forno e deixe esfriar um pouco.

5. Enquanto isso, coloque o açúcar de confeiteiro, 3 colheres (sopa) de água, o extrato de baunilha e uma pitada de sal em uma tigela e misture. Coloque o glacê sobre as tortinhas e enfeite com confeitos, se desejar.

MINISSANDUÍCHES DE CREME DE AVELÃS E CACAU COM BANANA

{8 PORÇÕES}

Sofia adora creme de avelãs e cacau e gosta ainda mais com banana, então estou sempre procurando maneiras de combinar os dois. Quando ela ofereceu um de seus chás da tarde, eu decidi usar o creme de avelãs e cacau em minissanduíches. Geralmente, recheamos os minissanduíches com algum ingrediente salgado, como pepinos. Esses levam bananas e creme de avelãs e cacau e, como se não bastasse, ainda são grelhados para os sabores se fundirem.

Preparar esses sanduíches faz a maior bagunça e comê-los faz mais ainda, mas essa é mais uma das razões pela qual as crianças os adoram!

- 4 fatias de pão italiano ou outro pão branco rústico para sanduíche
- ¼ xícara de creme de avelãs e cacau
- 1 banana grande ou 2 pequenas, firmes e maduras
- 2 colheres (sopa) de manteiga sem sal
- açúcar de confeiteiro para polvilhar

1. Com uma faca afiada, retire a casca do pão, formando um quadrado ou um retângulo. Em uma tábua, corte duas fatias de cada vez nas diagonais, formando quatro triângulos. Repita o processo para as outras fatias.

2. Usando uma espátula pequena, espalhe uma fina camada do creme de avelãs em uma das fatias, mas não deixe chegar muito perto das bordas. Corte as bananas na diagonal, para fazer fatias compridas, e coloque uma fatia de banana completando o recheio do sanduíche.

3. Derreta a manteiga em um *grill* ou em uma frigideira antiaderente em fogo médio-baixo. Quando começar a formar espuma, coloque os sanduíches (não ponha muitos de uma vez; trabalhe em lotes se necessário). Pressione os sanduíches só uma vez com os dedos ou com a espátula, no início, e toste por 2 minutos, até que o pão fique levemente dourado. Vire os sanduíches com cuidado e toste do outro lado, por mais 2–3 minutos.

4. Coloque os minissanduíches nos pratos e polvilhe com açúcar de confeiteiro.

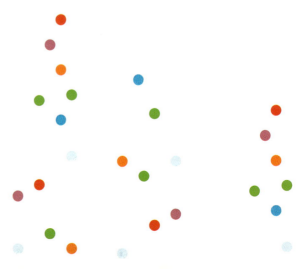

CHÁ DA TARDE

CHÁ CASEIRO DE FRUTAS VERMELHAS

{4 A 6 PESSOAS}
Foto na p. 90

Você não pode fazer um chá da tarde sem chá! Só tem um problema: muitos pais não gostam que seus filhos tomem bebidas com cafeína e as crianças geralmente não gostam do sabor do chá tradicional.

A solução? Um chá gelado de ervas com frutas vermelhas, adoçado com um simples xarope caseiro. Apesar de ser um chá para crianças, sirva em xícaras de verdade ou não será um verdadeiro chá da tarde.

¼ xícara de açúcar

3 saquinhos de chá de ervas com frutas vermelhas (descafeinado)

½ xícara de suco de cranberry e framboesa

¼ xícara de mirtilos frescos

1. Coloque o açúcar e ¼ xícara de água em uma panela pequena e de fundo grosso. Deixe levantar fervura, mexendo com uma colher de pau, até que o açúcar dissolva. Transfira esse xarope para uma jarra ou para uma pequena tigela e ponha na geladeira.

2. Enquanto isso, prepare o chá: coloque os saquinhos de chá em quatro xícaras de água fervente e deixe descansar por 3 minutos. Descarte os saquinhos; deixe o líquido esfriar um pouco e depois coloque na geladeira até ficar bem frio.

3. Na hora de servir, misture a gosto o suco de cranberry e framboesa, o chá gelado e o xarope de açúcar em uma chaleira de vidro ou em uma jarra pequena. Sirva o chá gelado e enfeitado com mirtilos frescos.

CHÁ DA TARDE

BISCOITOS DECORADOS COM CHALEIRAS

{10 A 12 BISCOITOS}

Sofia adora preparar estes biscoitos comigo quando ela oferece um chá da tarde. Eles refletem o tema do evento, com uma decoração simples de pasta americana em formato de chaleira aplicada sobre um biscoito retangular. Você não precisa usar as mesmas cores que usei ou fazer os detalhes da chaleira exatamente como eu faço; fique à vontade para se expressar desenhando com seu próprio estilo ou deixando seus filhos se divertirem.

1 receita de *Biscoitos de açúcar* (p. 199), cortada em 10 a 12 biscoitos, de 3 x 4 cm cada
2 xícaras de *Creme de manteiga para decoração* (p. 312) branco
360 g de pasta americana amarela (30 g por biscoito)
720 g de pasta americana lilás (60 g por biscoito)
360 g de pasta americana rosa
2 xícaras de *Creme de manteiga para decoração* (p. 312) rosa

UTENSÍLIOS

faca fina bem afiada
régua
cortador de biscoito em forma de chaleira
caneta d'água
cortador de biscoito em forma de margarida bem pequena (ou outro cortador em forma de flor)
saco de confeitar com bico perlé pequeno ou um cone de confeitar de papel-manteiga (p. 49)

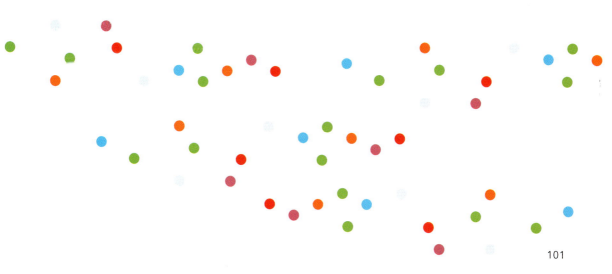

CHÁ DA TARDE

1. Com uma espátula, espalhe uma camada fina do creme de manteiga branco em cada biscoito (a). (Coloque o biscoito em uma superfície de trabalho para fazer isso; se você segurar os biscoitos com as mãos enquanto cobre com o creme, poderá quebrá-los.)

2. Com o rolo, abra a pasta americana amarela até ficar com 3 milímetros de espessura e corte 12 retângulos de 2 x 4 centímetros, usando a régua para auxiliá-lo. Ajuste um retângulo em cima da cobertura de cada biscoito e aperte delicadamente, mas com firmeza, para grudá-lo (b). Abra a pasta americana lilás até ficar com 3 milímetros de espessura. Usando o cortador, corte 12 chaleiras (c).

3. Com o rolo, abra a pasta americana rosa até ficar com 3 milímetros de espessura e, usando o cortador de flor, faça 12 margaridas.

4. Use a caneta d'água para aplicar água em um dos lados da chaleira e cole-a sobre a pasta amarela, pressionando com delicadeza. Coloque água em um lado da flor e cole-a na parte superior da chaleira (d).

5. Coloque o creme de manteiga rosa no saco de confeitar. Trace uma linha curva na parte superior de cada chaleira e coloque 7 pontinhos acima da linha (decorando a tampa) e um pontinho no centro da flor (e). Faça uma linha curva para destacar o bico da chaleira e outra linha embaixo, para marcar a base; faça o mesmo com o cabo. Decore com 4 pontinhos abaixo da linha da base.

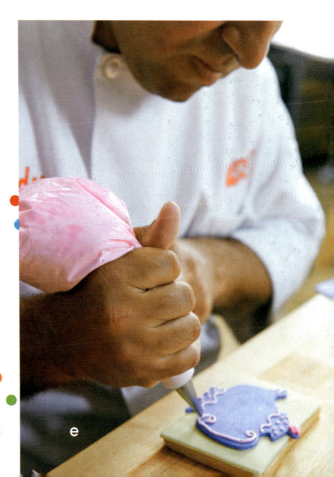

FESTA DE ANIVERSÁRIO INFANTIL

Há poucas ocasiões pelas quais espero mais do que as festas de aniversário dos meus filhos – ou, para ser sincero, qualquer festa de aniversário infantil. Quando uma criança sabe que aquele é o dia "dele" ou "dela", é fantástico ver como gostam de receber atenção e de ficar na companhia dos amigos. Minha ideia para o cardápio da festa é mimá-los bastante, fazendo todas as coisas que as crianças adoram: pipoca coberta com chocolate branco e confeitos coloridos, minipizzas fechadas de queijo e salame, tiras de frango à milanesa com gergelim e sundaes com brownie. Para dar um toque saudável, eu incluo brócolis com queijo parmesão e farinha de rosca.
É claro que o bolo é a parte mais importante de qualquer festa de aniversário e o que apresentamos aqui é decorado com uma camiseta de time esportivo – que pode ser adaptada para combinar com o time preferido do menino ou da menina, bandas de rock, marcas ou clubes, fazendo o aniversariante ser o centro das atenções no seu dia.

FESTA DE ANIVERSÁRIO INFANTIL

PIPOCA DE ANIVERSÁRIO
COM CHOCOLATE BRANCO

{6 A 8 PESSOAS}

Uma das coisas de que eu mais gosto quando vou ao cinema são as guloseimas: pipoca, bala, chocolate... Eu gosto de todos elas e, às vezes, não consigo me decidir. Quando eu era criança, comprava balas e chocolate e misturava tudo no pacote de pipoca, deixando o chocolate derreter. Essa lembrança inspirou esta receita de pipoca coberta com chocolate e confeitos coloridos.

Use um chocolate de boa qualidade ou ele não vai derreter direito.

120 g de chocolate branco de boa qualidade, grosseiramente picado
6 xícaras de pipoca estourada, com pouco sal (sem manteiga)
¼ xícara de confeitos coloridos
sal

1. Coloque o chocolate em uma tigela refratária sobre uma panela de água fervente (não deixe a tigela encostar na água) ou em uma panela de banho-maria, em fogo baixo, e derreta o chocolate mexendo frequentemente.

2. Coloque a pipoca em uma tigela grande (ou divida entre duas tigelas) e, com uma colher, jogue o chocolate por cima da pipoca aos poucos, chacoalhando a tigela após cada adição para misturar bem. Acrescente 2 colheres (sopa) de confeitos e uma pitada de sal, mexendo delicadamente para misturar.

3. Forre duas formas com papel-alumínio e espalhe a pipoca formando uma camada. Coloque as 2 colheres (sopa) restantes de confeitos. Deixe esfriar e secar por cerca de 2 horas. O ideal é servir imediatamente, mas ela pode ser armazenada em um pote hermeticamente fechado em um local frio ou na geladeira (para o chocolate não derreter) por 24 horas.

FESTA DE ANIVERSÁRIO INFANTIL

MINIPIZZAS FECHADAS DE SALAME

{8 PORÇÕES}

Na foto, com *Brócolis assados* e *Tirinhas de frango com gergelim* (receitas nas pp. 110 e 111)

Pizza é uma ótima comida para festas, mas suja muito as mãos e o recheio esfria rapidamente. Certa vez, para o aniversário de um dos meus primos, meu cunhado Joey, que sempre foi muito criativo para resolver problemas, teve a ideia de fazer pizzas fechadas, como se fossem minicalzones. Como na pizza tradicional, você pode mudar o recheio substituindo o salame por calabresa ou por vegetais, como cogumelos refogados.

450 g de massa para pizza (veja observação). Se for massa congelada, descongele-a na geladeira por 6 horas e coloque-a para crescer em uma tigela untada, em temperatura ambiente, por 2 horas

farinha de trigo para polvilhar

½ xícara de muçarela fresca, ralada ou fatiada

24 fatias finas de salame

1 pimentão vermelho em conserva, escorrido e cortado em tiras de 4 cm

cerca de 2 colheres (sopa) de azeite de oliva

1. Coloque a grade no meio do forno e preaqueça-o a 230°C. Forre uma forma com papel-alumínio e reserve.

2. Divida a massa em oito partes iguais. Com as mãos enfarinhadas, cuidadosamente estique cada pedaço para formar um disco fino (o formato não precisa ficar perfeito), com cerca de 12 centímetros de diâmetro.

3. Recheie a metade de cada disco com ½ colher (sopa) de muçarela, deixando uns 2 centímetros ao redor da borda sem recheio. Cubra o queijo com três fatias de salame e uma tira de pimentão. Enrole a massa sobre o recheio como um rocambole, começando pela borda do lado que ficou sem recheio,

e dê duas voltas. Transfira para a forma com papel-alumínio, com o lado onde a massa foi fechada para baixo. Se ficar algum buraquinho na massa, aperte com os dedos para fechar.

4. Pincele com uma camada bem fina de azeite de oliva. Asse por 15–17 minutos, até ficar dourado. Retire do forno e deixe esfriar por 5 minutos antes de servir.

Isto é massa: *Muitos supermercados vendem a massa de pizza pronta, mas não há nada igual a uma massa fresca de pizza, de preferência feita por um pizzaiolo. Algumas pizzarias vendem um pouco de massa e eu sugiro que você compre deles sempre que possível.*

FESTAS EM FAMÍLIA COM O CAKE BOSS

BRÓCOLIS ASSADOS

{4 A 6 PESSOAS}
Foto na p. 108

Todos nós gostaríamos de deixar nossos filhos escolherem o que comer no dia da festa de aniversário deles e isso geralmente significa só alimentos cheios de gordura e de açúcar. Mas, mesmo nessas ocasiões, podemos agir com um pouco de moderação. Esta receita de brócolis é fácil de fazer, muito saborosa e com uma textura diferente por causa da farinha de rosca e do parmesão.

2 ovos
sal
1 xícara de farinha de rosca
pimenta-do-reino moída na hora
1 colher (sopa) de queijo parmesão, ralado fino
340 g de brócolis sem os caules e cortados em pequenos pedaços
1 colher (sopa) de azeite de oliva
molho tipo *ranch* para acompanhar

1. Coloque a grade no centro do forno e preaqueça-o a 190°C. Forre uma forma com papel-alumínio e reserve.

2. Coloque a farinha de rosca em uma tigela e tempere com sal, um pouco de pimenta-do--reino e o parmesão. Reserve.

3. Em um recipiente fundo, bata os ovos com 2 colheres (chá) de água e mais um pouco de sal. Junte as flores de brócolis ao ovo batido, misturando bem. Com um garfo, retire os brócolis, deixe escorrer o excesso de ovo e transfira-os para a farinha de rosca. Empane bem todos os pedaços com a farinha de rosca e, em seguida, coloque-os na forma preparada. Regue com azeite de oliva e mexa delicadamente para distribuir. Espalhe os pedaços de brócolis na forma e asse por 15 minutos, até que a farinha de rosca fique dourada e crocante e que os brócolis estejam macios. Enquanto assa, de vez em quando chacoalhe cuidadosamente a forma, para evitar que alguma parte fique queimada e para permitir que os pedaços assem por igual. Deixe esfriar um pouco. Coloque em uma travessa ou tigela e sirva com o molho *ranch* para acompanhar.

FESTA DE ANIVERSÁRIO INFANTIL

TIRAS DE FRANGO COM GERGELIM

{6 PESSOAS}

Foto na p. 108

Em algumas noites da semana, minha família se reúne espontaneamente para jantar na casa de um nós. Às vezes, Lisa e eu recebemos os parentes; outras vezes, é na casa do Mauro e da Madeline, ou do Joey e da Grace. Como todos trabalhamos muito, geralmente pedimos comida em um dos restaurantes ítalo-americanos da região. De vez em quando variamos e compramos comida chinesa. As crianças adoram frango com gergelim, então, quando é o aniversário de um dos primos, esta adaptação está sempre no cardápio.

óleo vegetal para untar

700 g de peito de frango, cortado em tiras 5 cm (cerca de 12 tiras)

sal

1 ¼ xícara de farinha de rosca oriental (panko)

1 colher (sopa) de óleo de gergelim

1 xícara de molho *teriyaki*

2 colheres (sopa) de vinagre de arroz

⅔ xícara de mel

1 colher (chá) de amido de milho

1 colher (sopa) de sementes de gergelim

2 colheres (sopa) de cebolinha picada

1. Preaqueça o forno a 230°C. Forre uma forma com papel-alumínio e unte o papel com um pouco de óleo vegetal

2. Tempere o frango com sal e passe pela farinha de rosca. Aperte-o para a farinha grudar. Distribua as tiras na forma preparada, sem grudar uma na outra, e asse até que o frango esteja completamente cozido, por cerca de 20 minutos (a farinha de rosca não vai ficar dourada).

3. Enquanto isso, coloque o óleo de gergelim, o molho *teriyaki*, o vinagre e o mel em uma panela pequena e de fundo grosso e leve ao fogo alto. Deixer ferver por cerca de 10 minutos, mexendo de vez em quando, até que o molho reduza pela metade. Acrescente o amido de milho e ferva por mais 1 minuto, para que o molho fique grosso o bastante para cobrir as costas de uma colher. Retire a panela do fogo e deixe esfriar um pouco.

4. Despeje metade do molho em uma tigela grande, adicione metade das tiras de frango e mexa para cobri-las com o molho. Salpique metade das sementes de gergelim. Transfira as tiras de frango para uma travessa e repita o processo com o restante do molho e do frango. Enfeite com a cebolinha e sirva.

FESTA DE ANIVERSÁRIO INFANTIL

SUNDAE DE BROWNIE E BARRAS DE CHOCOLATE

{8 PORÇÕES}

Estes sundaes são pura tentação, feitos com brownie caseiro, chocolate picado e sorvete. A inspiração veio ao observar meus filhos em uma dessas lojas de frozen iogurt: eles adoram percorrer o bufê acrescentando aos seus frozens todas as coberturas possíveis. Se preferir, você pode colocar os ingredientes em tigelas e deixar que cada criança prepare o próprio sundae.

170 g de chocolate meio amargo, grosseiramente picado
170 g de manteiga sem sal e mais um pouco para untar a forma
3 ovos
1 xícara de açúcar
1 colher (chá) de extrato de baunilha
½ xícara mais 2 colheres (sopa) de farinha de trigo
¾ colher (chá) de fermento
sal a gosto
1 kg de sorvete de baunilha
4 barras de chocolate de diferentes tipos, cortadas em pedaços pequenos com uma faca afiada
chantili para decorar
cerejas ao marrasquino, escorridas, para decorar

1. Prepare os brownies: coloque o chocolate meio amargo e a manteiga em uma tigela refratária e leve ao fogo em banho-maria. Mexa até o chocolate e a manteiga derreterem completamente e a mistura ficar homogênea. Reserve e espere esfriar um pouco.

2. Enquanto isso, coloque a grade no centro do forno e preaqueça-o a 180°C. Unte uma forma quadrada de 23 x 23 centímetros (de vidro ou de metal) com manteiga e cubra com papel-manteiga.

3. Em uma tigela, misture os ovos, o açúcar e a baunilha. Acrescente a mistura de chocolate, que já deve ter esfriado um pouco. Reserve e deixe esfriar quase completamente.

4. Em uma tigela pequena, misture a farinha, o fermento e o sal. Junte aos poucos aos ingredientes líquidos, mexendo entre as adições apenas o suficiente para incorporar tudo.

5. Despeje a massa na forma preparada e asse por 40 minutos, até que a parte de cima do brownie esteja seca e que, ao inserir um palito no centro, ele saia limpo. Retire do forno e deixe esfriar por 20 minutos ou o suficiente até que seja possível manuseá-lo. Desenforme com o auxílio do papel-manteiga, remova o papel e deixe o bolo esfriar completamente sobre uma grade (ou sirva morno). Os brownies são mais gostosos na hora em que são feitos, mas podem ser armazenados em um recipiente hermético por até dois dias.

6. Na hora de servir, coloque um pedaço de brownie no fundo de uma taça de sobremesa. Acrescente uma ou duas bolas de sorvete. Decore com os pedaços de chocolate, um pouco de chantili e uma cereja ao marrasquino.

113

FESTA DE ANIVERSÁRIO INFANTIL

BOLO DE ANIVERSÁRIO COM CAMISETA DE TIME

{UM BOLO DE 23 CENTÍMETROS}

Para fazer uma criança feliz, o bolo não precisa ser sofisticado. O importante é preparar um bolo de aniversário que faça o aniversariante se sentir especial. Não sei nem dizer quantas crianças eu vi se iluminarem quando as presenteamos com um bolo decorado com uma camiseta do seu time preferido, com o número do seu jogador favorito ou ainda o número deles no time da escola. Para as crianças que não são fãs de esportes, você pode usar este mesmo *design* com as cores da escola, de um clube ou de uma banda de rock.

2 bolos de 23 cm do sabor de sua preferência (pp. 302 a 308), com o recheio de sua escolha (pp. 312 a 321)
4 xícaras do *Creme de manteiga para decoração* (p. 312) branco
850 g de pasta americana branca
170 g de pasta americana vermelha
170 g de pasta americana azul
aproximadamente 1 xícara de *Creme de manteiga para decoração* (p. 312) vermelho

UTENSÍLIOS
rolo
cortador
carimbos de letras e números para confeitaria
cortadores em formato de estrela médio e grande
carretilha
vaporizador (veja a dica, p. 117)
faca bem afiada
um saco de confeitar sem bico
um saco de confeitar com o bico redondo (perlê) médio

FESTA DE ANIVERSÁRIO INFANTIL

1. Em um prato giratório, coloque um círculo de papelão forrado com papel decorativo. Monte um bolo de duas camadas, usando o recheio escolhido, e aplique um pouco de creme de manteiga sobre ele para evitar que o bolo solte farelos. Para isso, use o saco de confeitar sem o bico (p. 297). (Depois de aplicar a primeira camada, mantenha o creme no saco de confeitar; você vai usá-lo para colar os elementos decorativos e fazer a borda.)

    Cubra o bolo com a pasta americana branca (a, b), alise-a bem com o alisador (c) e corte o excesso (p. 299). Não guarde a pasta restante; você vai precisar dela para fazer os números.

2. Abra a pasta americana vermelha até ficar com uns 3 milímetros de espessura e corte duas peças no formato de camiseta, usando um cortador de pizza ou uma faca bem afiada (d). Você pode fazer um molde de papelão para servir de guia. Use uma caneta d'água para unir as duas partes da camiseta, ondulando um pouco a camiseta de cima nas mangas e na barra para criar um efeito tridimensional (e).

3. Corte 3 estrelas grandes e 6 estrelas médias na pasta americana que sobrou. Abra a pasta azul até ficar com 3 milímetros de espessura e corte 3 estrelas grandes e 6 estrelas pequenas. Use a caneta d'água para colar as estrelas menores sobre as maiores (f), misturando as cores.

4. Corte tiras de pasta americana azul com 0,5 centímetro de largura, usando uma carretilha lisa (g), para fazer os acabamentos da gola, das mangas e da barra da camiseta (o tamanho das tiras vai variar conforme o tamanho da camiseta). Acerte o tamanho das tiras com uma faca bem afiada e cole na camiseta com a caneta d'água.

5. Corte os números e use a caneta d'água para colá-los na camiseta (h).

6. Com um vaporizador, espirre um pouco de água sobre o bolo.

7. Fixe a camiseta no bolo (se você quiser escrever uma mensagem, descentralize a camiseta) e acrescente as estrelas na parte de cima e na lateral do bolo (i).

8. Espirre mais um pouco de água no bolo, dando atenção especial à camiseta e às estrelas, para que fiquem limpas e brilhantes.

9. Com o creme de manteiga vermelho no saco de confeitar com bico perlê, faça uma borda na base do bolo (j).

Dica: *O vaporizador deixa o bolo e todos os elementos mais brilhantes e bonitos. Se você não tem um, pode aplicar todos os elementos decorativos com a caneta d'água.*

CAFÉ NA CAMA PARA O DIA DAS MÃES

Fui abençoado com duas mulheres incríveis em minha vida: minha mãe, com quem tenho dividido os momentos bons e os maus desde que nasci e que fez um trabalho sensacional criando a mim e a minhas quatro irmãs; e, claro, minha esposa, Lisa, uma mãe maravilhosa para nossos quatro filhos. Todos os dias tento demonstrar minha admiração por Lisa em pequenos gestos. Mas, no Dia das Mães, eu capricho muito e envolvo as crianças na preparação de um café da manhã que nós levamos para ela na cama. Mais tarde, minha mãe vai até minha casa e ficamos todos juntos. As receitas deste capítulo são tudo o que você precisa para fazer o maior sucesso: um prato à base de ovos, com manjericão e queijo fontina; panquecas doces com limão-siciliano e mirtilo; e bacon com xarope de bordo. Há duas opções de sobremesa – uma tortinha de amoras e um bolo vulcão com mousse – em versão individual, para caber na bandeja de café da manhã. Mas, como todas as outras receitas deste capítulo, podem ser servidas à mesa, em uma festa com toda a família.

CAFÉ NA CAMA PARA O DIA DAS MÃES

STRATA DE OVOS E MANJERICÃO

{4 A 6 PESSOAS}

Lisa ama ovos, então sempre preparo um prato com essa base no cardápio do Dia das Mães. Esta *strata* é um dos preferidos dela – praticamente uma refeição completa, com pão, queijo e vegetais, tudo assado junto. Eu, particularmente, gosto de colocar manjericão, que nos faz lembrar o verão que, no hemisfério norte, chega um pouco depois dos Dia das Mães.

Esta *strata* também fica ótima como prato principal no Dia das Mães e para receber convidados. Você pode deixar tudo pronto um dia antes e deixar assar e servir na hora.

1 colher (sopa) de manteiga e mais um pouco para untar a forma

1 cebola pequena picada (cerca de 1 xícara)

sal

pimenta-do-reino moída na hora

8 ovos

⅓ xícara de leite

4 xícaras de cubos de pão (com cerca de 2,5 cm), de um pão firme, como baguete

1 ½ xícara (cerca de 120 g) de queijo fontina

¾ xícara de manjericão fresco, picado

1. Em uma panela, derreta a manteiga em fogo médio-alto, até que forme uma espuma. Acrescente a cebola, tempere com o sal e um pouco de pimenta-do-reino. Deixe cozinhar até a cebola ficar macia, de 4–5 minutos.

2. Transfira a cebola para uma tigela refratária e acrescente os ovos, o leite, mais um pouco de sal e de pimenta.

3. Unte com manteiga uma forma quadrada de vidro refratário de 23 centímetros. Distribua metade dos cubos de pão, formando uma camada no fundo da forma. Cubra uniformemente com metade do queijo fontina e metade do manjericão. Despeje metade da mistura de ovos. Repita as camadas mais uma vez, começando com os cubos de pão. Agite um pouco a forma para envolver todo os pedaços de pão com a mistura de ovos. Cubra com filme plástico e coloque na geladeira por pelo menos 1 ½ hora ou durante a noite para que o pão absorva os ovos. Deixe fora da geladeira, em temperatura ambiente, por pelo menos 30 minutos antes de assar.

4. Coloque a grade no meio do forno o preaqueça-o a 160°C. Asse por 45 minutos ou até que a *strata* fique dourada na parte de cima e que o meio fique firme e não solte líquido quando se insere a ponta de uma faca. Sirva morno, cortado em pedaços.

FESTAS EM FAMÍLIA COM O CAKE BOSS

PANQUECAS DOCES DE LIMÃO-SICILIANO E MIRTILO

{4 PESSOAS}

Na foto, com *Bacon com xarope de bordo* e *Chai com leite*, receitas nas pp. 124 e 125

Se você nunca preparou em casa panquecas doces para o café da manhã, faça um favor a si mesmo e experimente esta receita. Nos Estados Unidos, é muito comum as pessoas usarem uma mistura pronta para fazer panquecas doces, porém, sendo uma família de confeiteiros, nós nunca usamos tal mistura – não usamos mistura pronta para nada. Mas esta versão não requer nenhuma habilidade especial: basta misturar os ingredientes, exatamente como se faz com as misturas de caixinha.

Estas panquecas doces de limão-siciliano e mirtilo são as preferidas da Lisa. Você pode fazer só a massa, sem o limão e sem os mirtilos, ou substituir o limão por gotas de chocolate.

1 xícara mais 2 colheres (sopa) de farinha de trigo comum ou integral
½ colher (chá) de fermento
½ colher (chá) de bicarbonato de sódio
1 colher (chá) de açúcar
sal
1 xícara de leitelho*
1 ovo
1 colher (sopa) mais 2 colheres (chá) de óleo vegetal
1 colher (chá) de extrato de baunilha
1 xícara de mirtilos frescos
¼ colher (chá) de raspas finas de limão- -siciliano
1 ½ colher (sopa) de manteiga sem sal
xarope de bordo para acompanhar

* Há várias receitas de leitelho caseiro. Uma das mais simples é colocar 1 colher (sopa) de suco de limão ou de vinagre branco em uma xícara e completar a xícara com leite. Aguarde pelo menos 10 minutos antes de usar. (N. T.)

1. Coloque a farinha, o fermento, o bicarbonato, o açúcar e uma pitada de sal em uma tigela grande e misture os ingredientes.

2. Em outra tigela, misture o leitelho, o ovo, o óleo e a baunilha. Acrescente os ingredientes secos aos líquidos aos poucos, mexendo bem depois de cada adição, até formar uma mistura homogênea. Coloque os mirtilos e as raspas de limão.

3. Preaqueça uma frigideira antiaderente grande ou uma chapa. Coloque cerca de ½ colher (sopa) de manteiga e aqueça, até formar espuma. Com uma concha, coloque vagarosamente cerca de ¼ xícara da massa na frigideira. Se for preparar mais de uma panqueca por vez, deixe uns 2,5 centímetros entre elas. Frite por 2–3 minutos, até que elas fiquem levemente douradas na parte de baixo e que se formem bolhas na superfície. Vire e frite até que o outro lado também fique levemente dourado.

4. Transfira a panqueca pronta para um prato e repita o processo com o restante da massa; adicione manteiga se achar necessário untar mais a frigideira. Cubra as panquecas com xarope de bordo na hora de servir.

FESTAS EM FAMÍLIA COM O CAKE BOSS

BACON COM XAROPE DE BORDO

{4 PESSOAS}
Foto na p. 123

O bacon é um ingrediente perfeito: sozinho, é um acompanhamento
insuperável para outros pratos e, quando acrescentado a qualquer receita, confere um excelente sabor
defumado. Mas você pode deixar o bacon ainda melhor, cozinhando-o lentamente com xarope de
bordo e pimenta-do-reino, o que acrescenta ainda mais sabor. Além de poder ser servido no café da
manhã, esta receita funciona muito bem como acompanhamento para carnes grelhadas.

8 fatias de bacon defumado
cerca de ¼ xícara de xarope de bordo puro
pimenta-do-reino moída na hora

1. Coloque a grade no centro do forno e
    preaqueça-o a 180°C. Ponha uma grade de
    resfriar biscoito sobre uma assadeira com
    bordas ou forre a assadeira com duas folhas
    de papel-manteiga.

2. Usando um pincel culinário ou os dedos,
    cubra os dois lados das fatias de bacon com
    o xarope de bordo e polvilhe pimenta-do-
    -reino generosamente. Distribua as fatias
    lado a lado sobre a grade ou a sobre a
    assadeira (elas podem ficar próximas umas
    das outras, mas não podem encostar). Asse
    por 10–12 minutos, até que fiquem bem
    douradas e crocantes. Use um papel toalha
    para absorver o excesso de gordura, se
    desejar. Sirva quente.

O máximo: *Para realmente obter o máximo
de sabor, use o melhor bacon que você encontrar
e o xarope de bordo tipo B, mais escuro e com
gosto mais forte.*

CAFÉ NA CAMA PARA O DIA DAS MÃES

CHAI COM LEITE

{4 PORÇÕES}
Foto na p. 123

Eu gosto de café preto e de espresso e Lisa, também. Minha irmã Grace, por outro lado, vai na onda do que está na moda quando se trata de bebidas. Recentemente, ela se apaixonou por chai com leite, preparado com um combinação de especiarias aromáticas e chá. Tenho de admitir que, quando finalmente provei um chai, achei delicioso – uma bebida própria de confeiteiros, se existisse algo assim. Esta é uma receita simples para fazer em casa.

2 colheres (sopa) de folhas de chá preto (ou 4 saquinhos)
2 cravos
2 vagens de cardamomo inteiras
1 canela em pau
1 colher (chá) de gengibre em pó
¼ colher (chá) de extrato de baunilha
1 ¼ xícara de leite
1 colher (sopa) de açúcar

1. Ferva 3 xícaras de água. Despeje a água em um bule de porcelana, vasilha ou jarra grande, e acrescente o chá, o cravo, o cardamomo, a canela e o gengibre. Deixe em infusão, mexendo de vez em quando por cerca de 3–5 minutos.

2. Enquanto isso, na mesma panela que você usou para ferver a água, coloque o leite, a baunilha e o açúcar e aqueça bem, em fogo médio, mexendo um pouco para incorporar o açúcar.

3. Peneire o chá em 4 canecas; divida o leite entre as 4 porções. Sirva quente.

CAFÉ NA CAMA PARA O DIA DAS MÃES

TORTINHAS DE AMORA COM AÇÚCAR DE CONFEITEIRO

{4 PESSOAS}

Quando Lisa e eu estávamos namorando, de vez em quando eu a surpreendia com alguma coisa que não fazia parte do cardápio da Carlo's Bake Shop. Um dos doces de que ela mais gostava era uma tortinha de amora com açúcar de confeiteiro. É um estilo mais francês do que italiano ou americano, e por isso mesmo é naturalmente romântica. Até hoje faço estas tortinhas para ela de vez em quando e sempre as sirvo no Dia das Mães.

6 colheres (sopa) de manteiga sem sal, amolecida
¼ xícara de açúcar
1 ovo
½ colher (chá) de extrato de amêndoa
1 xícara de farinha de trigo
2 colheres (sopa) de aveia
sal
1 xícara de creme de leite fresco
1 ½ xícara de amoras frescas
açúcar de confeiteiro para polvilhar

1. Coloque a grade no meio do forno e preaqueça-o a 190°C.

2. Na batedeira, bata a manteiga e o açúcar em velocidade média-alta, por 1 minuto. Adicione o ovo e o extrato de amêndoa e bata até incorporar. Acrescente a farinha, a aveia e uma pitada de sal e bata em velocidade baixa para misturar os ingredientes secos e úmidos. Com os dedos, forme uma bola com a massa, retire da tigela e divida em quatro partes iguais.

3. Coloque uma porção da massa em uma forma para minitorta de fundo removível de 7,5 x 12,5 centímetros. Pressione com os dedos para distribuir a massa uniformemente no fundo e nas laterais da forma, fazendo uma camada de aproximadamente 0,5 centímetro. Cuidado: a massa não pode ser muito manuseada, para que não fique grudenta e fina. Corte o excesso da massa e descarte. Repita o processo para as outras três partes da massa; deixe as formas prontas na geladeira, enquanto trabalha nas outras.

4. Coloque as formas de torta em uma assadeira e espete a massa com um garfo, para fazer uns furinhos. Asse por 10 minutos e verifique se a massa cresceu e ficou fofa. Se ela estiver fofa, pressione-a delicadamente com um garfo contra o fundo da forma. Asse por 12–15 minutos, até que a massa fique dourada. Deixe esfriar completamente.

5. Enquanto isso, bata o creme de leite em ponto de picos firme. Recheie cada tortinha com o chantili, sem encher demais para restar espaço para as amoras. Ponha de seis a oito amoras em cada tortinha. Polvilhe com açúcar de confeiteiro e sirva imediatamente.

BOLO VULCÃO COM MOUSSE PARA O DIA DAS MÃES

{12 PORÇÕES}

Da mesma forma que o Bolo em camadas com cobertura colorida (p. 65), esta sobremesa absurdamente úmida e com forte gosto de chocolate pode muito bem ser preparada com a ajuda das crianças e não requer muita habilidade. Esta receita foi dividida em porções individuais para caber perfeitamente na bandeja de café da manhã – o restante fica para a família ou para as visitas. Você também pode levar os bolos quando for visitar alguém ou para a casa da avó.

- 12 muffins de chocolate (a massa do *Bolo de chocolate* (p. 304) assada em formas de muffins com capacidade para ½ xícara de massa e com 5 cm de profundidade)
- 7 xícaras (dobre a receita) do *Mousse de chocolate do meu pai* (p. 318)
- 8 xícaras (quadruplique a receita) do *Ganache de chocolate* (p. 319)
- 12 morangos grandes, cortados ao meio no sentido do comprimento
- cerca de 170 g de raspas grandes de chocolate, compradas prontas

UTENSÍLIOS

saco de confeitar com o bico de estrela (pitanga) aberta grande

CAFÉ NA CAMA PARA O DIA DAS MÃES

1. Use uma faca pequena e afiada, como as facas de descascar vegetais, para fazer um buraco pequeno com cerca de 2,5 centímetros de profundidade em cada muffin, como na imagem (a). Descarte – ou guarde para beliscar – a "tampa" retirada do bolo. Com uma espátula, recheie o muffin com a mousse de chocolate, nivelando-a na borda (b). Arrume os muffins em uma assadeira forrada com papel-manteiga e leve ao freezer por pelo menos 2 horas (ou até 24 horas). Coloque o restante da mousse de chocolate no saco de confeitar com o bico de estrela grande e guarde na geladeira.

2. Deixe 12 pratos de sobremesa à mão. Derreta a ganache de chocolates e despeje em uma tigela refratária. Quando a ganache estiver esfriado o suficiente para não queimar as mãos, mergulhe um vulcão de cada vez, girando para cobrir todo o bolo (c). Como você pode ver nas fotos, eu uso as mãos mesmo (d), mas sugiro que você use uma colher vazada ou uma colher de pau por questões de segurança. Coloque cada vulcão no centro de um prato, com o lado da mousse para baixo. Se quiser um efeito mais formal, ponha cada bolo sobre um pequeno disco de papelão redondo.

3. Trabalhando com um bolo de cada vez, decore o topo do vulcão com uma espiral de mousse de chocolate. Gire o prato na superfície de trabalho, como em um prato giratório, e decore a base do bolo com pequenas espirais (e). Em cima de cada vulcão, coloque duas metade de morango (f) e ao redor da base espete as raspas de chocolate.

131

GRELHADOS CLÁSSICOS PARA O *MEMORIAL DAY*

O verão no hemisfério norte não começa oficialmente até o solstício de 21 de junho, mas, para mim, a temporada se inicia na última segunda-feira de maio, no *Memorial Day*, quando os americanos homenageiam os militares mortos em combate. É nesse dia que tiramos a cobertura da piscina, aumentamos o volume do som e reunimos a família e os amigos para uma grande festa. E o destaque da estação fica por conta dos grelhados. Então, em nossa festa do *Memorial Day*, tudo é preparado ao ar livre, na chama do fogo: frutos do mar, frango e até mesmo as frutas para a sobremesa. Observar a comida cozinhar ao ar livre e esperar o cozinheiro gritar "Está pronto!" são dois dos meus momentos preferidos no verão. O sabor da comida feita no fogo alimentado pelo carvão é algo que você não consegue cozinhando dentro de casa. Este capítulo traz uma série das minhas receitas preferidas de grelhados e um bolo decorado que é o modo perfeito de terminar qualquer festa de verão.

GRELHADOS CLÁSSICOS PARA O *MEMORIAL DAY*

ASAS DE FRANGO COM MOLHO BARBECUE CASEIRO

{8 PESSOAS}

Na foto, com os *Arpagos enrolados com* prosciutto, receita na p. 136

Se você tem sorte de viver ou de já ter viajado para uma região onde se façam os *barbecues*, o "churrasco" americano, você tem uma visão completamente diferente desse tipo de comida. Para mim, a referência de *barbecue* é o Oklahoma Joe's, um restaurante em um posto de gasolina em Kansas City, onde eles servem as carnes grelhadas com um equilíbrio tão perfeito entre o sabor defumado e os temperos que eu consigo sentir o gosto só de pensar. As lembranças daquele *barbecue* inspiraram estas asinhas e este molho caseiro, um milhão de vezes melhor do que qualquer outro molho que você possa comprar em uma garrafa ou um pote.

1 xícara de ketchup

¼ xícara de vinagre de maçã

⅓ xícara de açúcar mascavo

¾ colher (chá) de molho inglês

1 colher (sopa) de melado

½ colher (chá) de sal e mais um pouco para temperar as asinhas

½ colher (chá) de cebola em pó

½ colher (chá) de pimenta-do-reino moída na hora

½ colher (chá) de mostarda em pó

sal a gosto

½ colher (café) de pimenta caiena

1,5 a 1,8 kg de asas e coxinhas da asa de frango

1. Coloque o ketchup, o vinagre, o açúcar mascavo, o molho inglês, o melado, o sal, a cebola, a pimenta-do-reino, a mostarda, a pimenta caiena e 2 colheres (sopa) de água em uma panela média e de fundo grosso, em fogo baixo. Cozinhe por 5 minutos, mexendo constantemente com uma colher de pau, até que o açúcar derreta e os sabores se fundam. Despeje o molho em um recipiente e coloque na geladeira até a hora de usar.

2. Quando estiver na hora de preparar o frango, preaqueça o grill em temperatura média-baixa.

3. Tempere o frango com um pouco de sal e distribua-o sobre a grelha. Deixe cozinhar, virando conforme o necessário, até que a parte externa esteja um pouco torrada e crocante e a carne esteja cozida completamente – cerca de 20 minutos para as asas e 24 minutos para as coxinhas. Regue a carne com o molho, sem retirá-la do grill, e cozinhe mais 1 minuto ou coloque as asinhas em uma travessa, despeje o molho e mexa bem para cobri-las por completo.

4. Transfira as asinhas para uma travessa ou para pratos individuais e sirva.

FESTAS EM FAMÍLIA COM O CAKE BOSS

ASPARGOS ENROLADOS
COM *PROSCIUTTO*

{4 PESSOAS}
Foto na p. 134

Enrolar os aspargos no *prosciutto* e grelhá-los funde o sabor dos dois
ingredientes. É comum encontrar pratos com vieiras e camarões enrolados em *prosciutto*, mas eu gosto
muito de combiná-lo com o aspargo, pelo contraste da carne salgada com o sabor fresco do vegetal. Esta
é uma daquelas receitas que Lisa prepara quando quer fazer as crianças comerem hortaliças.

12 aspargos com as pontas duras cortadas
1 colher (sopa) de azeite de oliva ou óleo
   de canola
sal
pimenta-do-reino moída na hora
12 fatias finas de *prosciutto*

1. Preaqueça o grill em temperatura média.

2. Enquanto isso, em uma travessa grande ou em uma assadeira pequena, regue os aspargos com o azeite de oliva e tempere com um pouco de sal e de pimenta.

3. Trabalhando com um aspargo de cada vez, enrole o *prosciutto* no centro dele, deixando as pontas expostas. Grelhe por 8–10 minutos, virando com cuidado, mas constantemente, até que os aspargos estejam completamente cozidos, mas ainda crocantes, e que a carne tenha ficado ligeiramente tostada em alguns pontos.

4. Arrume os aspargos de forma criativa em uma travessa e sirva.

GRELHADOS CLÁSSICOS PARA O *MEMORIAL DAY*

ESPETINHOS DE FRUTAS GRELHADAS

{8 ESPETINHOS}

Foto na p. 138

Grelhar frutas não parece ser uma coisa natural. Frutas frescas e suculentas não combinam com o mesmo equipamento usado para grelhar carne e fazer churrasco. Mas em umas férias que passamos em uma ilha, nós nos apaixonamos pelas frutas grelhadas que eram servidas em pequenos espetos na piscina do hotel. Colocar um pouco de manteiga e grelhar as frutas em fogo alto realça a doçura delas, caramelizando-as. E servi-las nos espetos as torna a sobremesa perfeita para uma festa de verão.

2 colheres (sopa) de manteiga sem sal, derretida

2 colheres (sopa) de suco de laranja fresco (não use suco concentrado)

1 colher (sopa) de xarope de bordo

sal

pimenta-do-reino moída na hora

½ colher (café) de tomilho seco

3 xícaras de morango, sem as folhas e o caule

6 kiwis maduros, mas firmes, descascados e cortados em fatias de 1,5 cm (cerca de 4 fatias por kiwi)

3 nectarinas maduras, mas firmes, cortadas em gomos grossos

⅔ de um abacaxi sem o miolo, cortado em pedaços grandes

1. Em uma tigela média, misture bem a manteiga derretida, o suco de laranja, o xarope de bordo, uma pitada de sal e de pimenta-do-reino e o tomilho.

2. Preaqueça um grill em temperatura média-baixa. Coloque as frutas em espetos de metal ou em espetinhos de bambu que tenham ficado imersos em água, alternando-as para que cada espeto receba pelo menos um pedaço de cada fruta. Pincele com a mistura de manteiga.

3. Grelhe os espetos diretamente sobre o fogo, virando uma ou duas vezes, até que fique tostado em alguns pontos e levemente caramelizado – cerca de 2 minutos de cada lado. Sirva morno.

Cuidando da grelha: *Sempre é importante limpar a grelha ou o grill antes e depois de usar, mas é especialmente importante antes de preparar estes espetos. Você não vai querer que o sabor de carne se misture com o das frutas.*

GRELHADOS CLÁSSICOS PARA O *MEMORIAL DAY*

KEBABS DE VIEIRAS E PIMENTÃO

{4 PESSOAS}

Na foto, com os *Espetinhos de frutas grelhadas*, receita na p. 137

Esta receita é baseada em uma que Lisa e eu fazemos no grill quando recebemos convidados no verão. Eu adoro como o doce e o crocante do pimentão contrastam com o sabor marcante das vieiras. Virar as vieiras no grill não é fácil, porque elas são muito delicadas; para ajudar, você pode usar uma espátula grande ou uma pinça.

¼ xícara de suco de limão-siciliano fresco
¼ xícara mais 2 colheres (sopa) de azeite
    de oliva
1 dente grande de alho, fatiado fino
1 ramo de alecrim fresco ou 1 colher (chá)
    de alecrim seco
16 vieiras frescas (cerca de 600 g)
sal
3 pimentões: 1 vermelho, 1 amarelo e 1 verde,
    cortados em pedaços de 2,5 cm.

1. Ponha o suco de limão em uma tigela e misture o azeite de oliva. Acrescente o alho e o alecrim e reserve.

2. Preaqueça o grill em temperatura médio-baixa.

3. Enquanto isso, tempere as vieiras com sal, dos dois lados. Coloque um pedaço de pimentão em um espeto de metal ou em um espeto de bambu que tenha ficado imerso em água. Em seguida, coloque uma vieira, atravessando-a com o espeto. Acrescente mais um pimentão, depois mais uma vieira e termine com outro pimentão. Repita o processo em mais 7 espetos, usando o restante das vieiras e dos pimentões.

4. Pincele os espetos com a marinada de limão. Coloque na grelha e deixe cozinhar, entre 8–10 minutos, virando uma vez com cuidado, até que fiquem as marcas da grelha nos dois lados das vieiras e que elas estejam opacas e brancas. Retire do fogo e pincele com mais marinada, se desejar.

5. Divida os espetos em pratos individuais ou apresente no estilo família, em uma travessa. Sirva quente.

GRELHADOS CLÁSSICOS PARA O *MEMORIAL DAY*

COSTELINHAS DE PORCO ASSADAS E GRELHADAS

{4 PESSOAS}

Antigamente, quando meu pai assava costelinhas de porco e sobrava uma porção para o dia seguinte, ele costumava aquecê-las no grill, acrescentando um sabor defumado ao porco suculento. As costelinhas do dia seguinte eram tão boas que, hoje em dia, eu nem espero pelas sobras: eu asso a carne e a grelho logo em seguida.

Esta receita foi calculada para servir as costelinhas como acompanhamento, quando há outras carnes, algo entre três ou quatro costelinhas por pessoa. Para servi-las como prato principal ou para servir mais pessoas quando há outras carnes, dobre a receita.

2 colheres (sopa) de páprica
2 ½ colheres (chá) de sal
¼ colher (chá) de pimenta caiena
1 colher (chá) de pimenta-do-reino moída na hora
½ colher (chá) de mostarda em pó
1 ripa de costelinha de porco, cerca de 1,5 kg
molho barbecue para acompanhar

1. Misture a páprica, o sal, a pimenta caiena, a pimenta-do-reino e a mostarda em uma tigela média.

2. Com uma faca, comece a retirar a membrana das costelas e termine puxando com as mãos; descarte-a. Retire o excesso de gordura, se houver, sem cortar muito a carne. Esfregue a mistura de temperos na carne, começando com o lado mais carnudo e cobrindo toda a costela uniformemente. Coloque em um prato ou travessa grande e refrigere por 1 hora.

3. Quando for assar a costela, preaqueça o forno a 160°C. Coloque-a sobre uma grade em uma assadeira ou em uma forma com lateral alta; asse com a parte da carne virada para cima, até que a gordura comece a pingar e a parte

de cima da carne esteja crocante, por cerca de 1 hora e 15 minutos.

4. Retire a costela do forno e, quando estiver fria o suficiente para manusear, enrole-a em papel-alumínio. Limpe a gordura da assadeira ou use uma forma limpa e coloque a costela diretamente na forma. Leve ao forno novamente até que a carne se desmanche, cerca de 2 horas. Retire a carne do forno e deixe descansar até a hora de grelhar. A costela pode ficar na geladeira, em um recipiente hermeticamente fechado, por algumas horas ou até um dia, antes de ser aquecida no grill.

5. Preaqueça um grill em temperatura média. Coloque a peça com o lado da carne para baixo e grelhe por 10 minutos, verificando se não está escurecendo muito rápido. A carne deve ficar completamente aquecida e a parte de fora, tostada e crocante. Transfira a costela para uma tábua de cortar, regue com o molho barbecue, corte entre os ossos e sirva. Você pode colocar o molho na mesa para as pessoas mergulharem a carne nele.

GRELHADOS CLÁSSICOS PARA O *MEMORIAL DAY*

MINIBOLO COM PÊSSEGO GRELHADO E MASCARPONE

{6 PESSOAS}

Inspirados no bolo de morango com chantili, nós criamos esta versão com pêssego no final de um verão. Tínhamos levado as crianças para passear nas fazendas de Nova Jersey e nas barraquinhas que vendem produtos locais, e voltamos para casa com uma quantidade inacreditável de pêssegos absurdamente suculentos. O mascarpone no lugar do chantili foi uma questão de necessidade: na noite em que fizemos estes minibolos, não tínhamos chantili em casa.

óleo vegetal para pincelar

3 pêssegos maduros, mas firmes, sem sementes e cortados em fatias de 2 cm

6 minibolos macios ou 6 fatias grossas de bolo

1 xícara de mascarpone

1 colher (sopa) de mel

½ colher (chá) de extrato de baunilha

1-2 colheres (sopa) de creme de leite fresco ou de leite

amêndoas em lâminas, para decorar

hortelã fresca para decorar (opcional)

1. Preaqueça o grill em temperatura média. Pincele a grelha com um um pouco de óleo e grelhe as fatias de pêssego, virando uma vez, até que haja marcas de grelha nos dois lados (cerca de 4 minutos, no total). Se desejar, grelhe os bolinhos (só a parte de cima) ou as fatias de bolo também, por 1 minuto, até que fiquem marcados pela grelha. Coloque os bolinhos ou as fatias de bolo em seis pratos individuais e os pêssegos por cima.

2. Em uma tigela pequena, misture o mascarpone, o mel, a baunilha e o creme de leite ou leite. Coloque uma colherada desse creme em cima dos pêssegos. Decore com as amêndoas fatiadas e as folhas de hortelã frescas, se desejar, e sirva.

GRELHADOS CLÁSSICOS PARA O *MEMORIAL DAY*

BOLO DE CHURRASQUEIRA PARA O *MEMORIAL DAY*

{UM BOLO DE 23 CENTÍMETROS)

Este é um bolo temático para arrasar, uma versão menor de algo que faríamos no *Cake Boss*. Para mim, o *Memorial Day* não é só o início extraoficial do verão, mas também o primeiro dia do que eu chamo de "temporada de grelhados". Então aqui está um grill comestível, com a grelha feita de pasta americana, assim como o filé, as salsichas e os hambúrgueres – serviço completo! Quando fizer as carnes para este bolo, a cor da pasta americana não precisa ser exatamente igual às mostradas aqui; você pode fazer a carne mais vermelha, se gosta dela mal passada, ou mais escura, se gosta bem passada.

Se você tem um extrusor de pasta americana, pode usá-lo para fazer a grelha, em vez de modelar os rolinhos à mão.

2 bolos de 23 cm do sabor de sua preferência (pp. 302 a 308), com o recheio de sua escolha (pp. 312 a 321)

4 xícaras de *Creme de manteiga para decoração* (pag. 312) branco

aproximandamente 1 kg de pasta americana preta

500 g de pasta americana cinza (450 g de pasta americana branca e 50 g de preta, sovadas juntas)

250 g de pasta americana cor de carne (115 g de pasta americana vermelha, 115 g de marrom e 25 g de branca, sovadas juntas)

um pedaço pequeno de pasta americana branca

corante ou gel alimentício marrom

um pedaço pequeno de pasta americana cor de queijo (cerca de 60 g de pasta americana amarela com um pedacinho de pasta americana vermelha, sovadas junto)

UTENSÍLIOS

faca afiada

caneta d'água

pincel

cortador de biscoito redondo, de 4 cm

carretilha

alisador para pasta americana

vaporizador

um saco de confeitar com o bico de estrela (pitanga) aberta grande

GRELHADOS CLÁSSICOS PARA O *MEMORIAL DAY*

1. Em um prato giratório, monte um bolo de duas camadas recheado sobre um círculo de papelão, forrado com papel decorativo, e aplique uma fina camada de creme de manteiga, sem usar o bico do saco de confeitar (p. 297). Cubra o bolo com a pasta americana preta, alise e fixe com o alisador e corte o excesso de pasta que ficar na base do bolo (p. 299). Guarde a pasta que sobrou, porque você vai precisar dela para fazer uma faixa no final. Use o vaporizador para umedecer o bolo (a).

2. Faça um rolinho de 0,5 centímetros de diâmetro com a pasta americana cinza (b).

3. Cole o rolinho no centro do bolo (c). Corte a ponta com uma faca bem afiada e deixe uma pequena angulação, para ficar mais fácil de fazer o contorno da grelha depois.

4. Cole outro pedaço do rolinho perpendicular ao primeiro, formando uma cruz no centro do bolo; corte a ponta com uma faca afiada e deixe uma pequena angulação para ficar mais fácil de fazer o contorno da grelha depois.

5. Faça a grelha, dispondo paralelamente pedaços do rolinho, em intervalos de 1,5 centímetro, mais ou menos (d). Em seguida, aplique o rolinho no contorno do bolo, corte o que sobrar e pressione para fixar (e).

6. Modele a pasta americana cor de carne na forma de um filé. Com a pasta branca, faça o osso em forma de T (f) e cole-o no filé com a caneta d'água.

7. Pressione o cabo de um pincel ou algum outro utensílio para fazer as marcas da grelha (g); em seguida, pinte a carne com o corante alimentício (h) e coloque o filé na grelha (i).

GRELHADOS CLÁSSICOS PARA O *MEMORIAL DAY*

8. Enrole um pouco de pasta americana cor de carne para fazer a salsicha (j). Pressione o cabo de um pincel ou algum outro utensílio para fazer as marcas da grelha e pinte essas marcas com o corante alimentício (k). Coloque a salsicha sobre o bolo (l).

9. Faça dois hambúrgueres com o restante da pasta americana cor de carne. Abra a pasta com 1,5 centímetro de espessura e corte-a com o cortador de biscoito redondo. Faça uma textura pressionando uma folha de papel-toalha sobre os hambúrgueres (m) e use o cabo de um pincel ou outro utensílio para fazer as marcas da grelha (n). Pinte as marcas com corante alimentício. Coloque os hambúrgueres no bolo (o).

10. Modele duas fatias de queijo (p), abrindo a pasta amarela com 3 milímetros de espessura e cortando dois quadrados de 6 centímetros de lado com uma faca bem afiada (use uma régua ou outro utensílio reto para ajudar). Fixe as fatias de queijo com a caneta d'água sobre os hambúrgueres, ondulando as bordas para dar um efeito de "derretido" (q, r).

11. Aplique vapor sobre a parte de cima do bolo.

12. Finalize com uma faixa ao redor da base do bolo: use a carretilha para cortar uma faixa de 2,5 centímetros de largura de pasta americana preta. Passe o vaporizador ao redor do bolo e cole a faixa.

FESTA DE DIA DOS PAIS

O Dia dos Pais sempre foi uma data muito especial para mim, não apenas porque eu gosto de comemorar com Lisa e nossos filhos, mas também porque me dá a oportunidade de refletir sobre o grande pai que tive e avaliar um pouco em como estou me saindo, comparado ao exemplo dele. Todos os anos, eu penso a mesma coisa: que eu sempre precisarei me esforçar muito para ser tão incrível como ele, embora talvez eu nunca chegue lá. É claro que os meus filhos não veem a data desse modo: no Dia dos Pais, eles me fazem me sentir o melhor pai do mundo, entregando-me seus cartões feitos à mão logo de manhã e tomando comigo o café da manhã preparado pela Lisa – ovos mexidos, muffins, bacon, salsicha, panquecas doces e café –, um banquete digno de um rei. Não nos reunimos com o resto da família no Dia dos Pais; eu só quero ficar com minha esposa e filhos e aproveitar o que cada um tem a oferecer. Mas, às vezes, eu me reúno com meus companheiros que também são pais perto dessa data para uma pequena comemoração. Nesse jantar entre homens, nós nos deliciamos com carne e batatas e os acompanhamentos e sobremesas que combinam com eles. A seguir, estão os meus pratos favoritos, inclusive alguns inspirados na minha infância e na dos meus filhos. O que poderia ser mais adequado para o Dia dos Pais?

Observação: *O Dia dos Pais nos Estados Unidos é celebrado no terceiro domingo de junho.*

FESTA DE DIA DOS PAIS

FILÉ DE COSTELA COM MANTEIGA TEMPERADA COM RAIZ FORTE

{4 PESSOAS}

Na foto, acompanhado de *Vagens com gergelim*, receita na p. 154

O prato principal em uma festa de Dia dos Pais tem que ser carne. E estes filés não desapontam: a manteiga temperada com raiz forte dá um alívio apimentado ao exagero da gordura da carne.

4 filés de costela com 2 a 2,5 cm de espessura, sem osso (cerca de 1,2 kg) e retirado o excesso de gordura

sal

pimenta-do-reino moída na hora

azeite de oliva

1 colher (sopa) de manteiga sem sal em temperatura ambiente

½ colher (chá) de raiz forte, ou a gosto

1 colher (chá) de mostarda Dijon

1. Com um papel-toalha, seque os filés, dando batidinhas leves, e deixe-os em temperatura ambiente por 30–60 minutos antes de assar. Enquanto isso, posicione a grade no centro do forno e preaqueça-o a 230°C.

2. Em uma assadeira com bordas altas, tempere generosamente os filés com sal e pimenta e cubra-os com uma fina camada de azeite de oliva. Leve ao forno por 7–8 minutos até que os filés estejam dourados em cima e elásticos ao toque no centro (mal passado quase ao ponto), ou de 9–10 minutos para ao ponto.

3. Enquanto isso, em uma tigela pequena, amasse a manteiga amolecida, a raiz forte e a mostarda. Tempere com uma pitada de sal e de pimenta. Coloque os filés em pratos individuais e ponha uma colherada ou espalhe a manteiga sobre eles. Sirva quente.

FESTAS EM FAMÍLIA COM O CAKE BOSS

VAGENS COM GERGELIM

{4 A 6 PORÇÕES}
Foto na p. 152

Quando eu era garoto e meus pais de vez em quando levavam a mim
e a minhas irmãs para jantar comida chinesa em Hoboken, um dos meus pratos preferidos sempre eram
as vagens com gergelim. Eu gostava especialmente quando ela era servida com pratos de carne fatiada,
como carne com broto de bambu ou carne e brócolis. Até hoje, quando preparo filé em casa, umas das
coisas que eu gosto de fazer como acompanhamento são estas vagens com gergelim.

700 g de vagens, sem as pontas
1 colher (sopa) de semente de gergelim
   (opcional)
2 colheres (sopa) de azeite de oliva
1 colher (chá) de óleo de gergelim (opcional)
sal
pimenta-do-reino moída na hora

1. Em uma panela grande e com tampa, coloque água até a altura de 2 centímetros. Acrescente as vagens, tampe a panela e deixe levantar fervura em fogo médio-alto. Deixe cozinhar por 4–5 minutos, até que as vagens fiquem brilhantes e crocantes. Escorra e enxágue em água corrente fria; deixe escorrer bem e depois seque com papel--toalha. É importante secar as vagens para que não espirre quando você colocá-las na panela quente.

2. Em uma frigideira grande e funda toste as sementes de gergelim em fogo médio-baixo por 4 minutos, chacoalhando a frigideira para que não queimem, até que fiquem levemente douradas e soltem aroma. Retire a panela do fogo, regue com o azeite de oliva e o óleo de gergelim (se for usar) e então acrescente as vagens. Volte a frigideira ao fogo e mexa as vagens rapidamente com o auxílio da pinça, para reaquecê-las e cobri-las com gergelim e com óleo. Deixe cozinhar por 1–2 minutos, até que as vagens esquentem. Tempere generosamente com sal e pimenta, coloque em uma travessa e sirva quente.

FESTA DE DIA DOS PAIS

ALFACE AMERICANA COM MOLHO DE GORGONZOLA E BACON

{4 A 6 PORÇÕES}

Se existe uma salada que combina com carne, é esta: alface americana com um molho forte e cremoso de gorgonzola e pedacinhos de bacon. É a entrada perfeita para qualquer prato de carne, principalmente filé.

4-6 fatias de bacon
½ xícara de maionese
2 colheres (sopa) de azeite de oliva
¼ xícara de queijo gorgonzola esmigalhado
pimenta-do-reino moída na hora
1 alface americana grande
¼ cebola vermelha, bem picada
¾ xícara de tomates-cereja frescos, cortados ao meio no sentido do comprimento

1. Em uma frigideira grande, em fogo médio, disponha as fatias de bacon uma ao lado da outra (se elas ficarem apertadas ou um pouco em cima umas das outras, não tem problema). Frite por 8–10 minutos, usando uma pinça para virar de vez em quando, até que fiquem douradas e crocantes. Use a pinça para retirar da frigideira e colocar o bacon em um prato forrado com papel-toalha para a gordura escorrer um pouco

2. Enquanto isso, coloque a maionese em uma tigela pequena. Acrescente o azeite de oliva, uma colher de cada vez, mexendo bem até que a mistura fique cremosa e homogênea. Coloque 2 colheres (sopa) bem cheias de queijo gorgonzola. Tempere com a pimenta e reserve.

3. Remova o talo do pé de alface e as folhas murchas ou escurecidas. Corte em quatro ou seis pedaços iguais, como gomos, e mantenha uma parte do miolo para que não se desmanchem.

4. Coloque um gomo em cada um dos quatro ou dos seis pratos. Regue com um pouco do molho de gorgonzola. Cubra com a cebola picada e o restante do gorgonzola esmigalhado. Com os dedos, quebre as fatias de bacon em pedacinhos em cima da alface. Decore com os tomates e sirva.

FESTA DE DIA DOS PAIS

BATATAS ASSADAS DUAS VEZES

{4 PORÇÕES}

Lisa prepara em casa uma versão desta receita que é a realização dos sonhos dos amantes de batata. Uma combinação de purê de batatas e batatas assadas em um só prato: você cozinha as batatas, retira o miolo, amassa ou passa pelo espremedor, e recheia a casca. É uma receita um pouco mais trabalhosa do que a maioria dos pratos à base desse ingrediente, mas vale cada segundo do esforço.

4 batatas grandes, com a casca lavada
4 colheres (sopa) de manteiga sem sal, derretida
sal
pimenta-do-reino moída na hora
½ xícara de creme azedo*
1 colher (sopa) de salsa lisa fresca, picada, ou de cebolinha picada

Há várias receitas de creme azedo (sour cream, em inglês). A maneira mais simples de preparar é adicionar o suco de 1 limão a uma xícara de creme de leite fresco. (N. T.)

1. Coloque a grade no centro do forno e preaqueça-o a 230°C. Esfregue um pouco da manteiga derretida na casca das batatas (aproximadamente 2 colheres de sopa) e tempere-as com sal e pimenta. Transfira para uma forma com laterais altas ou uma assadeira e asse as batatas por 50 minutos, até que fiquem macias. Você pode testar se estão macias enfiando uma faquinha de descascar vegetais no centro delas. Retire do forno e deixe esfriar um pouco.

2. Quando as batatas estiverem frias o suficiente para serem manuseadas, faça um corte no lado mais longo de cada batata, formando um buraco, mas deixando uma borda ao redor de toda a abertura. Com uma colher, retire com cuidado o miolo da batata e coloque-o em uma tigela. Passe o miolo da batata pelo espremedor, amasse com um garfo ou passe por um moedor de alimentos, até formar um purê. Misture o purê com o creme azedo, o restante da manteiga derretida e tempere com sal e pimenta. Com uma colher ou um saco de confeitar, volte o purê para dentro das cascas. (Neste ponto, você pode guardar as batatas na geladeira em um recipiente hermético por até 1 dia. Deixe-as voltar à temperatura ambiente antes de assá-las.)

3. Coloque as batatas no forno e asse-as novamente por 20 minutos, até que o centro esteja quente e a parte de cima, dourada. Decore com salsinha ou cebolinha e sirva.

FESTA DE DIA DOS PAIS

BOLO DE GELADEIRA COM MANTEIGA DE AMENDOIM E CHOCOLATE

{6 PESSOAS}

Meu filho Buddy sempre adorou bombom recheado com manteiga de amendoim. Ele gosta tanto que poderia ser o garoto propaganda do bombom. Para um dos aniversários dele, eu inventei esta sobremesa de chocolate e manteiga de amendoim. Ficou tão boa que acabou se tornando uma das *minhas* sobremesas preferidas. Ela é ótima para quando você vai receber convidados, porque é fácil de fazer, não vai ao forno e você pode mantê-la na geladeira sem alterar o sabor.

½ xícara de manteiga de amendoim cremosa
¼ xícara de açúcar mascavo
¼ colher (chá) de extrato de baunilha
sal a gosto
2 xícaras de creme de leite fresco
250 g de bolacha sabor chocolate sem recheio
2 colheres (sopa) de amendoim torrado, picado

1. Em uma tigela, misture a manteiga de amendoim, o açúcar mascavo, a baunilha e o sal.

2. Bata o creme de leite na batedeira por 3 minutos, até o ponto de picos firmes (não bata demais ou o creme vai talhar). Com uma espátula, incorpore delicadamente o creme de leite batido ao creme de amendoim para que os dois fiquem bem misturados.

3. Ponha um pouco do creme em um prato para bolo e, por cima, acomode seis biscoitos (o creme os mantém no lugar), formando um círculo: um biscoito no meio e cinco ao redor. Coloque cerca de 1 xícara do creme de amendoim no centro e espalhe, deixando apenas as pontas dos biscoitos aparentes. Repita o procedimento por quatro camadas, terminando com uma camada de creme (serão quatro camadas de biscoito e quatro camadas de creme). Decore com os amendoins.

4. Deixe na geladeira por pelo menos duas horas ou durante a noite. Para servir, corte em fatias.

FESTA DE DIA DOS PAIS

SOBREMESA DE CERVEJA TIPO STOUT COM SORVETE

{4 PORÇÕES}

Nós não somos uma família irlandesa, mas todos os anos entramos no espírito do Saint Patrick's Day (Dia de São Patrício, patrono da Irlanda, comemorado em 17 de março): os funcionários que trabalham na loja usam verde e colocamos à venda cupcakes verdes e *cannoli* recheados com creme verde. Em uma dessas ocasiões, depois que fechamos a loja, meu cunhado Mauro improvisou esta versão adulta de vaca-preta para comemorarmos o Saint Patrick's Day. Desde então, sempre que faço uma festa com os homens, esta é uma das sobremesas favoritas.

Para uma versão infantil, substitua a cerveja stout por refrigerante.

aproximadamente 1,3 litro de cerveja tipo stout (3 latas de 440 ml)
0,5 litro de sorvete
noz-moscada fresca ralada na hora (opcional)

Separe quatro copos altos. Coloque ½ xícara (cerca de duas bolas) de sorvete em cada copo. Despeje a cerveja devagar (talvez você não use ela toda). Decore com noz-moscada, se desejar. Sirva com uma colher.

FESTA DE DIA DOS PAIS

BOLO CERVEJA PARA O DIA DOS PAIS

{UM BOLO DE 33X23 CENTÍMETROS}

Quer você sirva ou não este bolo com as outras receitas do capítulo, ele é a maneira perfeita de comemorar o Dia dos Pais. Seu tema é "cerveja e aperitivo" (em um fundo de madeira) que faz lembrar o verão; ótimo para assistir a um jogo e relaxar. Prepare a pasta americana para fazer a cerveja de uma cor parecida com o tipo preferido pelo seu pai: mais escura para cervejas tipo stout, mais clara para cervejas tipo pale ale ou pilsen e assim por diante.

1 bolo da sua preferência (pp. 302 a 308), com 23 x 33 x 5 cm, cortado ao meio para fazer duas camadas de 16,5 x 23 cm, com o recheio de sua escolha (pp. 312 a 321)

4 xícaras de *Creme de manteiga para decoração* (p. 312) branco

680 g de pasta americana branca

180 g de pasta americana marrom

450 g de pasta americana cor de cerveja (marrom, amarela e branca, sovadas juntas para se obter a cor da cerveja desejada – veja introdução)

cerca de 180 g de pasta americana cor de pretzel (90 g de marfim e 90 g de marrom, sovadas juntas)

1 colher (sopa) de açúcar cristal

cerca de 180 g de pasta americana azul

UTENSÍLIOS E EQUIPAMENTOS

alisador de pasta americana

carretilha

faca bem afiada

um saco de confeiteiro com adaptador e bico redondo (perlê) médio

163

FESTA DE DIA DOS PAIS

1. Em um prato giratório, monte um bolo retangular recheado sobre um papelão, forrado com papel decorativo. Use o recheio de sua escolha. Aplique com o saco de confeiteiro uma fina camada de creme de manteiga para cobrir todo o bolo, sem usar o bico (p. 297). Cubra o bolo com pasta americana branca, alise-a com o alisador e corte os excessos (p. 299).

2. Com o rolo, abra a pasta americana marrom em um retângulo de 0,5 centímetro de espessura e com lados de pelo menos 33 x 18 centímetros. Corte 7 tiras de 2,5 centímetros de largura com a carretilha. Use as costas da faca para fazer marcas do sentido do comprimento, imitando uma tábua de madeira (a).

3. Use o vaporizador para umedecer o bolo e disponha as faixas na parte superior (b), cortando os excessos com uma faca bem afiada, de modo que a faixas não caiam pelas laterais (c).

4. Abra a pasta americana na cor de cerveja com uma espessura de 1,3 centímetro (d) e modele no formato de um retângulo com os cantos arredondados (e). Faça três marcas verticais fundas, usando as costas de uma boleadeira, para imitar uma caneca (f).

5. Modele o cabo da caneca com a pasta branca. Cole a caneca e o cabo no bolo, usando o creme de manteiga (g). Com o saco de confeitar, faça a espuma de creme de manteiga branco na borda do copo, para imitar a espuma da cerveja (h).

6. Com a pasta da cor do *pretzel*, faça um rolinho e modele (i). Jogue um pouco de açúcar cristal (para imitar o sal) e cole o aperitivo no bolo com creme de manteiga (j).

7. Abra a pasta azul com 0,5 centímetro de espessura, pelo menos 2,5 centímetros de largura e 1 metro de comprimento. Com a carretilha, corte duas faixas de 2 centímetros de largura. Enrole cada faixa como um carretel. Use o vaporizador para umedecer o bolo e desenrole uma faixa ao redor da base do bolo, para formar uma borda (k). Use a outra faixa para fazer uma borda ao redor da parte superior do bolo, deixando que ela passe uns 3 milímetros sobre as "tábuas" para dar um bom acabamento (l).

8. Com o vaporizador, umedeça as bordas para deixá-las brilhantes.

165

4 DE JULHO

Todos os americanos têm muito orgulho de seu país, mas, como descendente de imigrantes (tanto meu pai quanto minha mãe nasceram na Itália), eu tenho aquele sentimento de gratidão passado diretamente por pessoas que chegaram aos Estados Unidos e encontraram o sonho prometido. Nós sempre tiramos o dia de folga para comemorar o 4 de Julho, dia da independência dos Estados Unidos, e geralmente fazemos uma festa no quintal, ao redor da piscina. O cardápio é um tributo às comidas típicas do verão, com o nosso patriotismo sendo exibido nas sobremesas: entre eles um bolo de bandeira norte-americana, com framboesas e mirtilos, que celebra a abundância do verão e a indepêndencia do país.

CHILI CON QUESO

{6 A 8 PESSOAS}

Este patê de queijo, levemente picante e deliciosamente cremoso, pode não ser tão patriótico quanto as tortas de maçã, mas quando os amigos se reúnem para uma festa de verão, ele sempre parece ser uma forma perfeita de esquentar as coisas.

1 colher (sopa) de manteiga sem sal

½ cebola pequena, bem picada

120 g de pimentas *chili* verde em conserva, picadas

1 colher (sopa) de farinha de trigo

2 xícaras de queijo tipo Jack ou uma mistura de queijos mexicanos, ralado

2 ½ xícaras de queijo cheddar alaranjado, ralado

½ xícara de *salsa* de tomate mexicana*

½ xícara de creme azedo**

½ xícara de leite ou de água

casca de 1 limão, ralada fina

sal

pimenta-do-reino moída na hora

coentro picado, para decorar

salgadinhos tipo tortilha, para acompanhar

* Molho feito a base de tomate cru picado, pimenta jalapeño e coentro fresco. (N. T.)
** Há várias receitas de creme azedo (sour cream, em inglês). A maneira mais simples é adicionar o suco de 1 limão a uma xícara de creme de leite fresco. (N. T.)

1. Derreta a manteiga em fogo médio, usando uma panela de fundo grosso. Adicione a cebola e cozinhe por 4–5 minutos, mexendo constantemente até que fique macia, mas não dourada. Acrescente as pimentas *chili* e depois misture a farinha, mexendo até incorporar.

2. Coloque os queijos em duas adições, mexendo entre elas, até que estejam quase completamente derretidos. Adicione a *salsa*, o creme azedo, o leite ou a água e as raspas de limão; cozinhe, mexendo de vez em quando, até que fique homogêneo e esteja borbulhando. Tempere com sal e pimenta a gosto. Decore com o coentro. Sirva quente direto na panela ou em uma tigela de cerâmica aquecida. Coma com as tortilhas.

4 DE JULHO

FRALDINHA COM
SALSA VERDE ITALIANA

{4 A 6 PESSOAS}

Na fotografia, com *Salada de feijão*, receita na p. 172

Nós, os Valastros, adoramamos o nosso lar, os Estados Unidos, e amamos da mesma forma a nossa herança italiana. Então, em diversas comemorações, combinamos o melhor dos dois mundos. Este é um ótimo exemplo: o filé grelhado é tipicamente americano e a *salsa* verde é um molho italiano que acompanha carnes grelhadas, especialmente com um prato chamado *grigliata mista*, onde são servidos diversos cortes de carne grelhada.

700 g a 1 kg de fraldinha

sal

pimenta-do-reino moída na hora

1 ½ xícara de salsinha lisa picada (cerca de ½ maço)

folhas de 6–8 ramos de orégano fresco (cerca de ¼ xícara)

2 dentes de alho

1 colher (sopa) de suco de limão-siciliano espremido na hora mais as raspas finas de 1 limão-siciliano (2 colheres de chá)

¼ xícara de azeite de oliva

3 anchovas no óleo, bem picadas (opcional)

1. Tempere a carne com sal e pimenta e deixe descansar em temperatura ambiente antes de grelhar, por 30 minutos. Enquanto isso, preaqueça o grill em temperatura média-alta.

2. Grelhe o filé diretamente sobre o fogo, de 6–8 minutos, virando uma vez de cada lado, para que fique quase no ponto ou um pouco além do ponto. Retire do grill e coloque em uma travessa ou uma tábua de corte. Cubra com papel-alumínio sem apertar e deixe descansar por 5–10 minutos.

3. Enquanto isso, prepare a *salsa*: coloque a salsinha, o orégano, o alho, o suco e as raspas de limão, o azeite de oliva e as anchovas (se for usar) em um processador de alimentos. Pulse até que fique bem picado, por cerca de 30 segundos. Corte o filé em fatias finas contra a fibra, coloque nos pratos ou em uma travessa e cubra com uma colherada de *salsa* verde.

FESTAS EM FAMÍLIA COM O CAKE BOSS

SALADA DE FEIJÃO

{4 PESSOAS}
Foto na p. 170

Esta é uma ótima história norte-americana para um prato de 4 de Julho:
eu nunca tinha provado feijão fradinho, até que uma garota da Georgia mudou-se para Nova Jersey com a família e foi estudar na escola dos nossos filhos. Lisa os convidou para nossa festa de 4 de Julho uma vez e eles trouxeram uma versão deste prato. Desde então, tenho servido esta salada como parte do nosso próprio cardápio.

2 latas (434 g cada) de feijão fradinho ou
feijão branco, escorrido

6 colheres (sopa) de queijo feta, esmigalhado

2 colheres (chá) de vinagre de xerez ou
vinagre de vinho tinto

½ xícara de tomates-cereja, cortados
em quatro

sal a gosto

uma pitada de pimenta-do-reino moída
na hora

⅓ xícara (sem apertar) de salsa lisa fresca

uma pitada de pimenta calabresa em flocos,
esmagada (opcional)

Misture todos os ingredientes em uma tigela e mexa bem. Deixe descansar por 10 minutos antes de servir.

4 DE JULHO

ESPETINHOS DE CAMARÃO GRELHADO COM *CHILI* E LIMÃO

{4 PESSOAS}

Minha bebida favorita para o verão é uma cerveja estupidamente gelada e a de Lisa é uma margarita. Quando damos uma festa à beira da piscina, estes espetinhos estão quase sempre no cardápio, porque eles vão bem com as duas bebidas.

½ xícara de mel

1 limão cortado ao meio

1 colher (sopa) de pasta de pimenta *chili* asiática, ou a gosto

24 camarões grandes (cerca de 500 g), descascados e limpos

sal

1. Coloque o mel, o suco de meio limão e a pasta de *chili* em uma tigela e mexa até incorporar todos os ingredientes.

2. Preaqueça um grill ou uma frigideira do tipo grill em fogo médio-alto. Tempere os camarões com sal e coloque seis deles em cada espetinho de metal ou de bambu que tenha ficado imerso em água. Pincele os camarões com a mistura de mel e *chili*. Grelhe por 3–4 minutos de cada lado, virando uma vez, até que fiquem com as marcas do grill e com uma cor opaca. Transfira para uma travessa e esprema a outra metade do limão por cima dos espetinhos.

4 DE JULHO

GALETTE DE AMEIXAS FRESCAS

{8 PORÇÕES}

Esta simples torta de verão destaca uma das frutas que é símbolo da
estação e que também é uma das preferidas do meu filho Marco.

1 ¼ xícara de farinha de trigo
3 colheres (sopa) mais ½ colher (chá)
    de açúcar
sal
⅓ xícara ou 100 g de manteiga sem sal,
    cortada em pedaços pequenos e bem
    gelada
¼ xícara de água gelada e um pouco mais,
    se necessário
5 ou 6 ameixas maduras, mas firmes
1 ½ colher (chá) de farinha de tapioca e mais
    um pouco para polvilhar
raspas finas de ½ limão-siciliano
2 colheres (sopa) de creme de leite fresco
sorvete de baunilha para acompanhar
    (opcional)

1. No processador, coloque a farinha de trigo,
    1 colher (sopa) de açúcar e ½ colher (chá) de
    sal e pulse para misturar bem. Acrescente a
    manteiga e pulse até que a mistura se pareça
    com um farofa grossa. Adicione a água e
    pulse novamente para incorporá-la. Aperte a
    massa com a ponta dos dedos para testar. Ela
    não deve desmanchar, mas não pode estar
    grudenta. Vire a massa sobre um filme plástico
    e enrole-a, formando um disco. Coloque na
    geladeira para firmar, por cerca de 1 hora.

2. Alguns minutos antes de a massa ficar pronta,
    fatie as ameixas em gomos de 1,5 centímetro,
    aproximadamente. Coloque 2 colheres (sopa)
    de açúcar, a farinha de tapioca, uma pitada

de sal e as raspas de limão em uma tigela
grande. Acrescente as ameixas e misture
devagar, para cobri-las completamente com o
açúcar. Coloque as ameixa em uma peneira ou
escorredor sobre a tigela para recolher o caldo
que escorrer. Reserve o caldo.

3. Posicione a grade no centro do forno e prea-
    queça-o a 190°C. Abra a massa em um disco
    de 0,5 centímetro de espessura e transfira-a
    para uma forma forrada com papel-manteiga
    ou com um tapete de silicone. Polvilhe uma
    fina camada de farinha de tapioca no fundo
    da massa. Comece a colocar as fatias de
    ameixa em círculo, se tocando ou se sobre-
    pondo um pouco; deixe uns 4 centímetros de
    borda sem ameixas. Preencha todo o centro
    da torta com as ameixas. Dobre a borda da
    torta por cima das ameixas e aperte a massa,
    para fechar qualquer buraquinho.

4. Pincele a parte externa da massa com o
    creme de leite fresco. Polvilhe as ameixas e a
    massa com mais ½ colher (chá) de açúcar.

5. Asse até que a crosta esteja levemente
    dourada e o caldo das ameixas esteja
    chiando, por cerca de 45 minutos. Se as
    ameixas parecerem secas quando você
    retirar a torta do forno, pincele as frutas com
    um pouquinhos do caldo reservado. Deixe
    esfriar. Sirva as fatias acompanhadas de
    sorvete, se desejar.

4 DE JULHO

MORANGOS PATRIOTAS

{12 PORÇÕES}

O dia da independência dos Estados Unidos pede sobremesas em

tons de vermelho, azul e branco e esta é fácil de preparar com antecedência, embora os morangos decorados precisem ser comidos no mesmo dia em que são feitos, para que não fiquem moles ou encharcados. Você pode até mesmo servi-los antes ou junto com uma sobremesa mais substancial, como o *Bolo da bandeira norte-americana* (p. 181).

230 g de chocolate branco de boa qualidade, grosseiramente picado

sal

¼ xícara de açúcar cristal azul ou confeitos azuis

12 morangos grandes, com o talinho

1. Coloque o chocolate em uma tigela refratária e derreta em banho-maria, mexendo constantemente com uma espátula de silicone. Acrescente uma pitada de sal e retire do fogo.

2. Coloque o açúcar em uma tigela pequena. Forre uma assadeira com papel-manteiga. Um a um, mergulhe os morangos no chocolate, até cobrir ⅔ da fruta. Em seguida, mergulhe as pontas (cerca de ⅓ da fruta) no açúcar ou nos confeitos. Coloque os morangos na forma preparada e deixe na geladeira por pelo menos 1 hora. Sirva frio.

4 DE JULHO

BOLO DA BANDEIRA NORTE-AMERICANA

{UM BOLO DE 33X23 CENTÍMETROS}

Para mim, este bolo é insuperável para o verão: além de obviamente perfeito para o Dia da Independência dos Estados Unidos, em 4 de julho – pelo seu design da bandeira norte-americana –, é também uma festa de mirtilos e framboesas, que estão no auge no fim do verão. Uma versão incrementada do bolo de morango, perfeito para qualquer grande festa durante o verão.

Como em qualquer bolo temático, você pode usar a massa que desejar, mas neste caso eu recomendo que você use o de baunilha para deixar que o sabor das frutas e do chantili brilhem.

2 bolos de 33 cm x 23 cm da sua preferência (pp. 302 a 308)
cerca de 10 xícaras de *Chantili italiano* (p. 321) ou qualquer outro tipo de chantili, em um saco de confeitar com o bico estrela (pitanga) aberta grande
12 morangos frescos grandes, sendo 4 cortados em fatias finas e 8 cortados ao meio
cerca de 1 ½ xícara de mirtilos frescos
500 g de framboesas frescas

4 DE JULHO

1. Coloque um bolo retangular em cima de um papelão forrado com papel decorativo e, em seguida, sobre um prato giratório. Usando o saco de confeitar, recheie o bolo com o chantili, começando pelas bordas e depois preenchendo o centro (a).

2. Distribua os morangos fatiados sobre o chantili (b). Coloque o segundo bolo em cima e cubra-o com mais recheio, da mesma forma que você fez no primeiro bolo (c).

3. Cubra o bolo inteiro com o merengue (d). Você pode nivelar as laterais com uma espátula ou com pente para bolo (p. 296), – eu recomendo usar um pente neste caso para dar um efeito mais imponente.

4. Faça com os mirtilos as estrelas da bandeira americana, formando um retângulo de 10 x 12,5 centímetros. Pressione os mirtilos levemente com a palma da mão aberta para ficarem todos na mesma altura. Faça sete listras com as framboesas, certificando-se de que elas fiquem bem encostadas nas bordas (e). Dica: para que as listras ficam igualmente espaçadas, marque uma das margens com uma framboesa antes de completar a fileira.

5. Com o saco de confeitar, faça espirais na base do bolo, deixando intervalos de 2,5 centímetros entre elas. Coloque uma metade de morango em cada intervalo (f).

183

DIA DE JOGO

Para os norte-americanos, nada mais comum do que se reunir com os amigos para comer e beber nos estacionamentos dos estádios, com o porta-malas do carro aberto como mesa. Este tipo de celebração não é comum no Brasil, mas as receitas a seguir podem ser adaptadas para um churrasco entre amigos, assistindo a um jogo de futebol. Quando eu era menino, eu adorava ficar à toa com meu pai nos domingos à tarde, assistindo a um jogo na televisão. Um pouco mais velho, comecei a assistir aos jogos com os meus amigos e, hoje em dia, eu gosto de estar em casa com a minha camiseta do Giants. Às vezes, alguém da família ou algum amigo vem assistir conosco, mas somente aqueles que entendem que quem manda é o jogo. É claro que a melhor experiência para um fã de esportes não é a sala de estar, mas o estádio, o que nem sempre é possível. Este capítulo contém as minhas receitas favoritas para assistir a eventos esportivos. Quando vou ao estádio, sempre levo o meu grill e, para fazer algumas destas receitas, é necessário que você também tenha um.

DIA DE JOGO

AMENDOIM COM PIMENTA CAIENA

{2 XÍCARAS; 6 A 8 PORÇÕES}

Nos Estados Unidos, existe uma canção bem popular que diz: "*Take me out to the ballgame* [...] *buy me some peanuts and Cracker Jack*" (leve-me ao jogo [...]; compre um pouco de amendoim e de pipoca doce para mim). Pois bem, o aperitivo que mais gosto para acompanhar um jogo é o amendoim e esta é a minha versão, que leva açúcar, sal e condimentos. Uma mistura fabulosa ao mesmo tempo doce e apimentada, que se tornou uma exigência da família e dos amigos quando vamos assistir aos jogos; às vezes, meus parentes me pedem para preparar uma porção mesmo que eu não vá ao jogo com eles!

A pimenta caiena é bem forte, então, se você preferir, deixe-a de fora ou ponha menos.

1 colher (sopa) de manteiga sem sal
2 xícaras de amendoim torrado sem sal
2 colheres (chá) de açúcar
1 ½ colher (chá) de pimenta caiena
1 ½ colher (chá) de páprica em pó
1 colher (chá) de coentro em pó
½ colher (chá) de sal

1. Coloque a grade no centro do forno e preaqueça-o a 180°C. Forre uma forma com papel-alumínio.

2. Derreta a manteiga em fogo baixo, usando uma panela pequena e de fundo grosso. Acrescente os amendoins e mexa para cobri--los com a manteiga. Adicione o açúcar, a pimenta caiena, a páprica, o coentro e o sal.

3. Espalhe os amendoins na forma preparada em uma única camada. Asse por 6–8 minutos, chacoalhando a forma de vez em quando para que os amendoins assem por igual e não queimem, até que fiquem crocantes e você possa sentir o aroma.

4. Retire do forno e deixe os amendoins esfriarem. Sirva imediatamente ou guarde até o dia do jogo (por não mais do que dois dias) em um saco plástico selado ou em um recipiente hermético, em temperatura ambiente.

DIA DE JOGO

MOLHO DE ALCACHOFRA E ESPINAFRE COM PARMESÃO

{4 A 6 PESSOAS}

Esta entrada, deliciosamente cremosa, mistura maionese e parmesão. Ela é baseada em um prato que minha mãe e meu pai serviam quando recebiam convidados: um patê de espinafre e alcachofra servido dentro de um pão cujo miolo tinha sido retirado, acompanhado de bolachinhas para mergulhar no patê. Minha versão é servida com salgadinhos de tortilha, que são bem adequados para uma festa antes dos jogos.

800 g de corações de alcachofra em conserva, escorridos e espremidos para retirar o excesso de líquido

½ xícara de espinafre congelado, descongelado e espremido para retirar o excesso de líquido

1 xícara de maionese (normal ou *light*)

½ xícara de queijo parmesão ralado fino

120 g de pimentas *chili* verde em conserva, escorridas

pimenta-do-reino moída na hora

tortilha de milho

1. Coloque a grade no centro do forno e preaqueça-o a 190°C.

2. Pique bem a alcachofra e o espinafre e escorra o líquido que se formar. Coloque-os em uma tigela grande e adicione a maionese, o parmesão e a pimenta. Tempere com a pimenta-do-reino e mexa bem.

3. Transfira o patê para uma forma de vidro refratário de 23 x 23 centímetros ou para uma forma de torta. Asse por 35–40 minutos, até formar uma crosta dourada e cozinhar a mistura.

4. Sirva morno ou em temperatura ambiente, acompanhado das tortilhas.

DIA DE JOGO

SANDUÍCHE ASIÁTICO DE CARNE DE PORCO

{8 PORÇÕES}

O restaurante chinês preferido da minha família é o Hong Kong Kitchen, em East Hanover, Nova Jersey. Nós pedimos comida lá pelo menos uma vez por semana. Nunca me canso da maneira como os sabores da comida asiática explodem na boca, especialmente o molho de soja e o gengibre, com seus toques salgados e condimentados. Este sanduíche de carne de porco apresenta esses elementos de uma forma divertida e perfeita para uma tarde de outono assistindo a um jogo.

Para montar estes sanduíches, use a *Salada de repolho asiática tri-colore* (p. 192), um acompanhamento tradicional dos sanduíches com carne de porco. Você também pode usar pepinos fatiados ou coentro.

450 g de carne de porco moída
1 colher (sopa) de molho de soja
2 colheres (sopa) de cebola vermelha
    bem picada
½ colher (chá) de gengibre fresco ralado
8 pães de hambúrguer ou de batata

1. Preaqueça um grill em temperatura média.

2. Em uma tigela, misture a carne de porco, o molho de soja, a cebola e o gengibre, até ficarem bem incorporados. Faça oito hambúrgueres de 1,5 centímetros de altura, usando de 3 a 4 colheres (sopa) de carne para cada um. Não manuseie demais a carne.

3. Grelhe os hambúrgueres diretamente sobre o fogo, virando uma vez, de 5–7 minutos de cada lado, até que fiquem bem cozidos.

4. Quando os hambúrgueres estiverem quase prontos, coloque os pães cortados ao meio no grill. Aqueça os pães por 1 minuto, até que eles fiquem com as marcas da grelha e ligeiramente tostados.

5. Deixe a carne descansar em um prato ou em uma tábua de corte por 5 minutos. Coloque um hambúrguer em cada pão e sirva.

SALADA DE REPOLHO ASIÁTICA *TRI-COLORE*

{4 A 6 PORÇÕES, COMO ACOMPANHAMENTO}
Suficiente para oito *Sanduíches asiáticos de carne de porco* (p. 191)
e ainda sobra um pouquinho

Salada de repolho, para mim, é um prato de verão. Sabe aqueles dias em que você abre a geladeira e faz uma refeição com as comidas refrescantes que estão ali: salada de repolho, salada de batata e frios diversos? Delícia!

Esse sentimento explica em parte por que adoramos os dias de jogos: eles nos trazem o espírito despreocupado do verão e a sensação de estar ao ar livre, mesmo que estejamos no outono (ou no inverno) e dentro de casa.

Esta é uma salada global com um nome italiano (*tri-colore* quer dizer "três cores" em italiano e é por causa da cenoura misturada aos repolhos verde e roxo) e um toque asiático, com suco de limão e coentro. Fica muito bom com os sanduíches, em especial o da página 191. Você também pode servi-la com pratos mais sofisticados, como um peixe ou um porco grelhado ou assado.

6 xícaras de uma mistura de repolho verde e repolho roxo, cortados bem fino, e cenoura ralada

3 colheres (sopa) de suco de limão espremido na hora

3 colheres (sopa) de azeite de oliva

2 colheres (sopa) de maionese

¼ colher (chá) de sal

½ colher (chá) de açúcar

1 pimenta *jalapeño*, sem sementes, se desejar, e cortada em fatias bem finas

½ xícara de coentro fresco, grosseiramente rasgado à mão

Coloque todos os ingredientes em uma tigela e misture bem. Deixe descansar por pelo menos 15 minutos antes de servir.

DIA DE JOGO

BISCOITOS ESPORTIVOS

{8 A 10 BISCOITOS EM FORMATO DE BOLA DE FUTEBOL AMERICANO
E DE 10 A 12 BISCOITOS REDONDOS}

Às vezes, menos é mais. Quando você dá uma festa ao ar livre ou vai
a uma reunião na casa de amigos para ver o jogo, conveniência e facilidade de transporte são cruciais.
Para a sobremesa, é melhor algo que você possa preparar com antecedência, que seja fácil de levar ao
estádio ou ao local da festa e que não seja muito sensível ao calor ou ao frio.

Os biscoitos atendem perfeitamente a todas essas exigências, e estes – que imitam diferentes tipos
de bolas esportivas – são perfeitos para comer enquanto vocês se dirigem aos seus lugares no estádio
ou no campo.

Este capítulo é principalmente sobre a temporada de futebol americano nos Estados Unidos, mas
eu incluí instruções para fazer biscoitos de bola de beisebol, basquete e de tênis. Assim, você pode
comer biscoitos do seu esporte favorito o ano inteiro.

Observações:

As quantidades de creme de manteiga e de
pasta americana são para fazer apenas um
tipo de biscoito – futebol americano, beisebol,
basquete ou tênis. Se for fazer biscoitos variados,
ajuste as quantidades: você vai precisar de
aproximadamente 2 colheres (sopa) de creme de
manteiga e 35 gramas de pasta americana para
decorar cada biscoito (além da quantidade usada
para fixar a pasta americana).

Como o creme de manteiga branco usado
para fixar a pasta americana no biscoito será
espalhado, você pode usar qualquer bico no saco
de confeiteiro para aplicá-lo. Eu usei um bico
redondo médio, mas você pode usar qualquer
outro. Para os biscoitos de bola de futebol
americano, que precisam de bicos diferentes,
use o adaptador e aplique o creme branco
sobre o biscoito sem nenhum bico no saco de
confeitar (apenas cuide para não colocar creme
em excesso) ou aplique a primeira camada com o
mesmo bico que vai usar depois.

Para biscoitos que levam creme de manteiga
de mais de uma cor, separe a quantidade
necessária de creme de manteiga branco e tinja
conforme necessário.

Biscoitos de açúcar (receita na p. 199), assado
em diferentes formatos

BISCOITOS DE BOLA DE FUTEBOL AMERICANO

cerca de 450 g de pasta americana cor de
chocolate escuro
cerca de 2 xícaras de *Creme de manteiga
para decoração* (p. 312) branco, em um
saco de confeitar com adaptador
bico de serra médio
bico redondo fino

Abra a pasta americana até ficar com uma
espessura de 0,5 centímetro. Use o mesmo
cortador oval que você usou para cortar
os biscoitos e faça o mesmo número de
bolas ovais.

195

Coloque os biscoitos em uma superfície plana. Com o saco de confeitar, aplique um pouco de creme de manteiga sobre eles e espalhe com uma espátula **(a)**. Para a bola de futebol americano, aplique o creme sem nenhum bico no adaptador; para os biscoitos redondos, use o bico redondo fino ou outro bico (p. 195). Cole a pasta americana oval sobre o biscoito **(b)**. Coloque o bico de serra no adaptador e, com o lado da serra virado para baixo, faça uma faixa no centro do biscoito, no sentido do comprimento. Faça uma linha curva em cada extremidade, para imitar as costuras da bola **(c)**. Troque o bico de serra pelo bico redondo e faça as costuras sobre a faixa central.

BISCOITOS DE BOLA DE BASQUETE

cerca de 450 g de pasta americana alaranjada

cerca de ½ xícara de *Creme de manteiga para decoração* (p. 312) branco, em um saco de confeitar com um bico redondo fino

cerca de 1 xícara de *Creme de manteiga para decoração* (p. 312) marrom, em um saco de confeitar com um bico redondo fino

Abra a pasta americana alaranjada com 0,5 centímetro de espessura e corte círculos de 8,5 centímetros, com o mesmo cortador que você usou para os biscoitos; cole os círculos de pasta americana nos biscoitos com creme de manteiga (veja instruções para a bola de futebol americano) e, com o saco de confeitar, faça linhas pretas para imitar a costura da bola de basquete **(d, e)**.

BISCOITOS DE BOLA DE BEISEBOL

cerca de 450 g de pasta americana branca

cerca de ½ xícara de *Creme de manteiga para decoração* (p. 312) branco, em um saco de confeitar com um bico redondo fino

cerca de 1 xícara de *Creme de manteiga para decoração* (p. 312) vermelho, em um saco de confeitar com um bico redondo fino

Abra a pasta americana branca com 0,5 centímetro de espessura e corte círculos de 8,5 centímetros, com o mesmo cortador que você usou para os biscoitos; cole os círculos de pasta americana nos biscoitos com creme de manteiga (veja as instruções para a bola de futebol americano), e, com o saco de confeitar, faça linhas vermelhas para imitar a costura da bola de beisebol **(f, g)**.

BISCOITOS DE BOLA DE TÊNIS

cerca de 450 g de pasta americana verde-limão (sove 225 g de pasta verde com 225 g de pasta amarela)

cerca de 2 xícaras de *Creme de manteiga para decoração* (p. 302) branco, em um saco de confeitar com um bico redondo fino

Abra a pasta americana verde com 0,5 centímetro de espessura e corte círculos de 8,5 centímetros, com o mesmo cortador que você usou para os biscoitos; cole os círculos de pasta americana nos biscoitos com creme de manteiga (veja as instruções para a bola de futebol americano) e, com o saco de confeitar, faça linhas brancas para imitar a costura da bola de tênis **(h, i)**.

DIA DE JOGO

BISCOITOS DE AÇÚCAR

{8 A 10 BISCOITOS DE BOLA DE FUTEBOL AMERICANO E DE 10 A 12 BISCOITOS REDONDOS}

Esta é uma boa receita para biscoitos de açúcar. Você pode comê-los puros ou decorá-los com diversos temas, em várias ocasiões.

150 g de manteiga sem sal, em temperatura ambiente
1 xícara de açúcar
1 ovo
1 colher (chá) de extrato de baunilha
2 ⅓ xícaras de farinha de trigo e mais um pouco para abrir a massa
1 colher (chá) de fermento em pó químico
sal

1. Bata a manteiga e o açúcar na batedeira, em velocidade média-alta, até ficar um creme claro e fofo. Raspe as laterais da tigela e acrescente o ovo e o extrato de baunilha; bata para incorporá-los.

2. Em outra tigela, misture a farinha, o fermento e uma pitada de sal. Junte os ingredientes secos à manteiga em duas adições, batendo em velocidade baixa até que se forme uma massa elástica. Sobre um filme plástico, molde a massa no formato de um disco. Cubra com mais uma folha de filme e leve à geladeira até ficar firme, por 1–2 horas.

3. Coloque a grade no centro do forno e preaqueça-o a 190°C. Forre duas formas de biscoito com papel-manteiga e reserve. Em uma superfície enfarinhada, abra metade da massa, até que fique bem fina. Use cortadores de biscoito para cortar a massa nos formatos desejados (círculos de 8,5 centímetros de diâmetro para as bolas de basquete, beisebol e tênis; um cortador oval de 12,5 centímetros de comprimento para a bola de futebol americano). Repita o processo para o restante da massa, reaproveitando as sobras. Transfira a massa cortada para as formas preparadas e deixe na geladeira por 15 minutos antes de assar.

4. Asse por 8–10 minutos, até que os biscoitos fiquem firmes e levemente dourados na borda. Se for cobrir com glacê ou decorar, espere até que estejam completamente frios.

COQUETÉIS PARA TODAS AS OCASIÕES

Todos os anos, quando a temperatura começa a baixar, eu mal posso esperar para comemorar a nova estação. Tem alguma coisa com o outono que nos faz querer estar com a família e com os amigos, aquecendo-nos nos feriados e fugindo do frio. Minha família sempre amou fazer festas. Minha mãe, que de vez em quando faz o papel de animadora de festas cantando para nós, sempre foi naturalmente uma anfitriã. Hoje em dia, Lisa e eu adoramos recebemos amigos na nossa casa. Embora ocasionalmente façamos jantares, em geral o melhor é preparar pratos que podem ficar no bufê, deixando cada um à vontade para decidir quando e quanto comer. Este capítulo apresenta alguns dos pratos favoritos da minha família quando recebemos convidados, como o *Minibife Wellington* e as *Panquecas de batata com* crème fraîche *e caviar*, que dão um toque de estilo a qualquer reunião.

COQUETÉIS PARA TODAS AS OCASIÕES

MINIBIFE WELLINGTON

{18 PORÇÕES}

Nos velhos e bons tempos, nas raras ocasiões em que meus pais levavam minhas irmãs e eu para um jantar elegante, o bife Wellington era o pedido infalível do meu pai. Acho que ele gostava tanto porque é um prato de confeiteiro: bifes suculentos e cogumelos salteados, envoltos em massa folhada. Meu pai não está mais conosco para participar das festas, mas eu sempre tento servir minibifes Wellington quando recebemos convidados, para trazer um pouco da presença e do espírito dele às reuniões de família.

2 folhas (430 g) de massa folhada congelada
2 colheres (sopa) de óleo vegetal
700 g de filé mignon, cortado em dezoito cubos de 2,5 cm
sal
pimenta-do-reino moída na hora
½ colher (sopa) de manteiga sem sal
½ echalote picada
2 pacotes de cogumelos de Paris frescos (225 g cada), com as pontas retiradas e picados bem fino
½ colher (chá) de mostarda Dijon
¼ colher (chá) de folhas de tomilho frescas

1. Descongele a massa folhada em temperatura ambiente. Coloque uma grade no centro do forno e preaqueça-o a 200°C.

2. Aqueça o óleo em uma panela média e de fundo grosso, em fogo médio-alto. Acrescente a carne, tempere generosamente com sal e pimenta e frite, mexendo de vez em quando, até que ela fique dourada, cerca de 4 minutos ao todo (não deixe a carne cozinhar completamente).

3. Derreta a manteiga em panela pequena e de fundo grosso, em fogo médio-alto, até formar espuma. Adicione a echalote e cozinhe por 1 minuto, mexendo com uma colher de pau para deixá-la macia. Acrescente os cogumelos, a mostarda e o tomilho e cozinhe por 10–12 minutos, sempre mexendo, até que os cogumelos tenham soltado água e estejam cozidos. Retire a panela do fogo.

4. Forre uma assadeira com papel-manteiga e reserve. Abra a massa folhada e corte 18 quadrados. Coloque uma colher (chá) de cogumelos no centro de cada quadrado e espalhe para ficar uma camada fina. Cubra com um pedaço de carne. Com os dedos, estique a massa e envolva o recheio, apertando as pontas para selar. Remova o excesso de massa, se houver.

5. Tranfira as bolinhas de carne e massa para a assadeira preparada, com o lado onde você selou a massa para baixo. Asse por 22–24 minutos, até a massa ficar dourada e fofa. Retire do forno e deixe esfriar um pouco antes de servir.

FESTAS EM FAMÍLIA COM O CAKE BOSS

SALADA DE CARANGUEJO EM FOLHAS DE ENDÍVIA

{6 PORÇÕES}

Na foto, com *Panquecas de batata com* crème fraîche *e caviar*, receita na p. 206

Algumas versões desta entrada circulam nas festas da minha família desde que eu consigo me lembrar. Embora eu tenha sido apresentado a esta salada como um prato de verão, acho que ela fica igualmente bem em jantares formais e coquetéis. A salada de caranguejo, cremosa e com um toque de limão-siciliano, vai superbem com as endívias crocantes. E é um canapé perfeito porque é todo comestível, o que resolve um dos maiores problemas dos coquetéis: quando você termina de comer e fica sem saber o que fazer, com um prato ou uma colher na mão, procurando um lugar onde deixá-los.

225 g de carne de caranguejo desfiada, sem casca

raspas finas de ½ limão-siciliano e 1 colher (sopa) de suco de limão-siciliano

3 colheres (sopa) de maionese

2 colheres (sopa) de salsão bem picado

1 colher (sopa) de echalote bem picada

sal

2 cabeças de endívia

pimenta caiena ou páprica moída

1. Misture a carne de caranguejo, as raspas e o suco de limão-siciliano, a maionese, o salsão e a echalote em uma tigela. Tempere com sal a gosto.

2. Separe as folhas das endívias com cuidado. Com uma colher, coloque um pouco da salada de caranguejo em cada folha, na ponta mais perto de onde estava a raiz. Polvilhe com um pouco de pimenta caiena ou de páprica, arrume em uma travessa e sirva.

FESTAS EM FAMÍLIA COM O CAKE BOSS

PANQUECAS DE BATATA COM *CRÈME FRAÎCHE* E CAVIAR

{CERCA DE 30 BOLINHOS}
Foto na p. 205

Minha irmã Grace é famosa na família pela falta de habilidade na cozinha, mas este é um prato que ela prepara com perfeição. Ela aprendeu a fazer estas panquecas com uma amiga da faculdade. Quando Grace as preparou pela primeira vez para nós, ficamos surpresos: elas praticamente valiam o dinheiro investido na faculdade!

Tradicionalmente, as panquecas de batata são servidas com purê de maçã ou creme azedo como acompanhamento. Cobri-las com *crème fraîche* e caviar transforma um prato comum, do dia a dia, em algo adequado até para um jantar formal.

½ cebola picada
2 batatas grandes
sal
pimenta-do-reino moída na hora
⅓ xícara mais 2 colheres (sopa) de farinha de trigo
2 ovos
óleo vegetal para fritar
crème fraîche
caviar preto, de baixo custo
endro fresco, grosseiramente picado

1. Coloque a cebola picada em uma peneira fina. Descasque as batatas e rale-as no ralador grosso. Tempere generosamente com sal e pimenta e misture à cebola. Usando papel-toalha ou um pano de prato limpo, aperte a mistura de batata e cebola para retirar o excesso de líquido. Depois, transfira para uma tigela grande.

2. Polvilhe a farinha sobre a batata e misture. Em outra tigela, bata os ovos, temperando com um pouco de sal e pimenta. Acrescente à mistura de batata. Tempere novamente com sal e pimenta.

3. Preaqueça uma frigideira antiaderente grande em fogo médio-alto e coloque uma camada fina de óleo para cobrir o fundo. Frite, colocando duas colheres cheias de massa para formar cada panqueca, deixando 5 centímetros entre elas. Não encha a frigideira. Usando as costas de uma colher, achate um pouco os montinhos de batata, para formar panquecas finas. Deixe cozinhar, virando uma vez com o auxílio de uma espátula, até que fiquem douradas dos dois lados, mas ainda macias no meio, cerca de 6 minutos no total. Adicione mais óleo se necessário entre cada fritada e diminua o fogo se as bordas ficarem escuras antes de o centro estar cozido.

4. Coloque as panquecas sobre papel-toalha para escorrer o excesso de óleo. Sirva com uma colherada de *crème fraîche*, e decore com caviar e endro fresco a gosto.

PONCHE DE BOURBON

{6 A 8 PORÇÕES}
Foto na p. 209

Este é o meu ponche preferido para festas. Ele combina chá gelado, sucos cítricos e uísque bourbon, que tem um sabor complexo, mas refrescante. Usar mel para adoçar o chá gelado suaviza seu sabor e dá uma textura que faz você pedir mais.

½ xícara de mel
8 xícaras de chá preto quente
6 xícaras de uísque bourbon
¼ xícara de suco de limão-siciliano espremido na hora, mais algumas fatias e raspas
¼ xícara de suco de limão espremido na hora, mais algumas fatias e raspas
¼ xícara de suco de laranja, mais algumas fatias e raspas

1. Adoce o chá ainda quente com o mel e reserve até esfriar completamente; em seguida, refrigere para ficar gelado.

2. Coloque o chá em uma poncheira ou em uma jarra grande. Misture o uísque e os sucos e as fatias de limão-siciliano, limão e laranja. Mexa bem. Sirva em copos com gelo.

FESTAS EM FAMÍLIA COM O CAKE BOSS

TRUFAS DE CHOCOLATE

{4 DÚZIAS}

Na foto, com o *Ponche de bourbon*, receita na p. 207

Estas bolinhas de chocolate intensamente saborosas foram o primeiro produto sem farinha que produzimos na Carlo's Bake Shop. Embora não as tenhamos feito pensando nos clientes celíacos e na preocupação recente a respeito do glúten, elas acabaram sendo uma alternativa bem-vinda. E nós as servimos em nossas festas como um docinho que agrada a todo mundo.

450 g de chocolate meio amargo, grosseiramente picado ou quebrado

1 xícara de creme de leite fresco

¼ colher (chá) de sal

¼ colher (chá) de licor sabor laranja

¼ colher (chá) de extrato de baunilha

1 xícara de cacau em pó sem açúcar

1. Forre uma assadeira com papel-manteiga. Coloque uma tigela sobre uma panela com água fervente ou prepare uma panela própria para banho-maria com água fervente. Ponha o chocolate, o creme de leite e o sal na tigela e mexa constatemente com uma colher de pau, até que o chocolate derreta completamente, por cerca de 8 minutos.

2. Retire a tigela do fogo e acrescente o licor e a baunilha. Deixe esfriar completamente, por cerca de 1 hora.

3. Coloque o cacau em uma tigela. Usando uma boleadeira pequena, faça bolinhas de chocolate e, com as mãos, molde-a perfeitamente, trabalhando rapidamente para que o chocolate não derreta. Cubra com o cacau e coloque na forma preparada. Guarde em um recipiente hermético.

COQUETÉIS PARA TODAS AS OCASIÕES

BOLINHOS DE BAUNILHA

{CERCA DE 24 BOLINHOS}

Se nos coquetéis servimos as entradas em pequenas porções, por que também não servir assim a sobremesa? Estes pequenos bolos são uma boa opção para o seu repertório de sobremesas, porque combinam com várias ocasiões e cardápios.

100 g de manteiga sem sal, em temperatura ambiente, e mais um pouco para untar
1 ½ xícara de farinha de trigo e mais um pouco para polvilhar
1 xícara de açúcar
2 ovos
2 colheres (chá) de extrato de baunilha
1 colher (chá) de fermento em pó químico
½ colher (chá) de bicarbonato de sódio
¼ colher (chá) de sal
½ xícara de leitelho*
2 xícaras da cobertura da sua preferência, em um saco de confeitar com bico estrela (pitanga) aberta grande
coco ralado adoçado, queimado se você preferir

Há várias receitas de leitelho caseiro. Uma das mais simples é colocar 1 colher (sopa) de suco de limão ou de vinagre branco em uma xícara e completar com leite. Aguarde 10 minutos antes de usar. Faça a quantidade pedida na receita. (N. T.)

1. Unte uma forma quadrada de 25 centímetros e forre-a com papel-manteiga, dobrando os cantos cuidadosamente. Unte os lados e o fundo do papel-manteiga e polvilhe com um pouco de farinha, retirando o excesso depois. Coloque uma grade no centro do forno e preaqueça-o a 180ºC.

2. Bata a manteiga e o açúcar por 3 minutos na batedeira, em velocidade média-alta, para formar um creme, raspando as laterais da tigela uma ou duas vezes, até que a mistura fique clara e fofa. Adicione os ovos um a um, batendo bem depois de cada adição para incorporá-los. Raspe as laterais da tigela pelo menos uma vez. Acrescente a baunilha.

3. Peneire a farinha, o sal, o fermento e o bicarbonato. Delicadamente, adicione $1/3$ dos ingredientes secos aos úmidos com a batedeira em velocidade baixa. Acrescente $1/3$ do leitelho. Continue alternando a adição dos ingredientes secos e do leitelho. Misture até incorporar todos os ingredientes, mas não bata demais.

4. Despeje a massa na forma preparada e espalhe (parece ser pouca massa, mas vai crescer). Asse por cerca de 30 minutos, até que o bolo fique levemente dourado o que um palito inserido no centro saia limpo. Transfira para uma grade para esfriar.

5. Desenforme o bolo com a ajuda do papel-manteiga. Retire o papel e deixe o bolo esfriar completamente. Ele pode ser assado com um dia de antecedência e guardado em um recipiente hermético, em temperatura ambiente.

6. Para servir, corte o bolo em quadrados pequenos (cerca de 5 centímetros) e coloque bastante cobertura. Disponha-os em forminhas de doce ou em uma travessa para servir. Decore com o coco ralado, se desejar.

211

COQUETÉIS PARA TODAS AS OCASIÕES

CUPCAKES DE COQUETÉIS

{24 CUPCAKES}

Estes cupcakes com decoração inspirada em drinques são ótimas
sobremesas para coquetéis! Cada um deles tem a cor e o sabor de uma bebida: margarita, daiquiri de morango e piña colada. E ainda é decorado com uma fruta de pasta americana que combina com o sabor da bebida. Você pode fazer qualquer receita de bolo, mas eu acho que o de baunilha (p. 302) é o melhor, pois deixa que os sabores e as cores das coberturas realmente se destaquem.

Estes são os três passos básicos para os três sabores:

1. Com o saco de confeitar, aplique em espiral, em todos os 24 cupcakes, o creme de manteiga indicado (a).
2. Coloque 2 xícaras de açúcar cristal em uma tigela e gire gentilmente o cupcake dentro dela, para que o açúcar grude no creme na borda do cupcake (b).
3. Decore o cupcake com a fruta apropriada (c).

PARA AS MARGARITAS

....

uma receita do *Creme de manteiga para decoração* (p. 302), sem a água, modificada como segue: adicione ¼ de xícara mais 2 colheres (sopa) de tequila da sua preferência e corante comestível em gel verde; coloque o creme em um saco de confeitar com o bico de estrela (pitanga) aberta grande

450 g de pasta americana verde

450 g de pasta americana verde-limão (225 g de pasta amarela e 225 g de pasta verde, sovadas juntas)

açúcar de confeiteiro ou amido de milho para polvilhar a superfície de trabalho

caneta d'água

faca bem afiada

cortadores redondos de 4 cm e de 5 cm de diâmetro

Para fazer as fatias de limão:

1. Polvilhe a superfície de trabalho com açúcar de confeiteiro e abra um pequeno pedaço de pasta americana verde, com 0,5 centímetro de espessura. Corte um círculo com o cortador de 5 centímetros (d) e depois corte o centro desse círculo, com o cortador menor, para fazer a casca (e).

2. Abra um pedaço pequeno de pasta americana verde-limão e corte um círculo de 4 centímetros de diâmetro. Umedeça a parte interna do círculo verde maior, usando a caneta d'água ou um pincel (f), e coloque o círculo verde-limão dentro do anel verde (a casca) (g). Pressione gentilmente a faca no círculo verde-limão para fazer oito seções (os gomos).

3. Faça 24 fatias de limão, reutilizando a porção cortada da pasta americana junto com o próximo pedaço de pasta que você abrir.

4. Use uma faca bem afiada para fazer um corte desde a borda até o centro da fatia de limão. Gire as pontas em direções contrárias (h). Deixe secar antes de decorar os cupcakes (i).

FESTAS EM FAMÍLIA COM O CAKE BOSS

PARA OS DAIQUIRIS DE MORANGO

uma receita do *Creme de manteiga para decoração* (p. 312), sem a água, modificada como segue: adicione ¼ de xícara mais 2 colheres (sopa) de rum e corante comestível em gel vermelho; coloque o creme em um saco de confeitar com o bico de estrela (pitanga) aberta grande

340 g de pasta americana vermelha

340 g de pasta americana verde

açúcar de confeiteiro ou amido de milho para polvilhar a superfície de trabalho

esteca para modelar ou palito de dente

cortador pequeno em forma de estrela

caneta d'água

Para fazer os morangos de pasta americana:

1. Polvilhe a superfície de trabalho com açúcar de confeiteiro e faça uma bolinha com a pasta americana vermelha, mais ou menos do tamanho de uma bolinha de gude. Usando um dedo, pressione metade da bolinha enquanto a rola na palma da sua mão, para dar o formato de um cone.

2. Usando a esteca, faça pequenos furinhos ou pontinhos em todo o morango, para parecer com sementes.

3. Para fazer a folhinha, abra a pasta verde com 0,5 centímetro de espessura. Corte com um cortador pequeno de estrela, flor ou floco de neve.

4. Com a caneta d'água, umedeça a folha.

5. Cole a folha na parte de cima do morango e firme bem. Repita para fazer 24 morangos. Deixe eles secarem bem antes de colocá-los sobre os cupcakes.

PARA FAZER AS PIÑAS COLADAS

uma receita do *Creme de manteiga para decoração* (p. 312), sem a água, modificada como segue: adicione ¼ de xícara mais 2 colheres (sopa) de rum (não ponha corante); coloque o creme em um saco de confeitar com o bico de estrela (pitanga) aberta grande

340 g de pasta americana amarela

340 g de pasta americana marrom

açúcar de confeiteiro ou amido de milho para polvilhar a superfície de trabalho

esteca para modelar ou palito de dente

garfo

cortador em formato de diamante pequeno

caneta d'água

Para fazer os pedaços de abacaxi:

1. Polvilhe a superfície de trabalho com açúcar de confeiteiro e abra a pasta americana amarela, com espessura de 6 milímetros. Com o cortador, corte um diamante e depois divida-o ao meio, para fazer dois triângulos.

2. Abra a pasta americana marrom da mesma espessura que abriu a pasta amarela. Corte uma faixa de 6 milímetros, com o mesmo comprimento da base do triângulo de pasta amarela.

3. Use a caneta d'água para colar a pasta marrom na base do triângulo de pasta amarela. Com um garfo, faça umas "pregas" na parte marrom para dar uma textura um pouco irregular.

4. Use a esteca para fazer umas marcas, como se fossem arranhões, na parte amarela, e criar uma textura parecida com a do abacaxi. Repita para fazer 24 pedaços de abacaxi. Deixe-os secar antes de decorar os cupcakes.

JANTAR DE AÇÃO DE GRAÇAS

O Dia de Ação de Graças, assim como o Dia da Independência, é um dos dois feriados americanos mais importantes. Para minha família, é uma celebração de tudo o que temos. Eu adoro o Dia de Ação de Graças, celebrado na quarta quinta-feira de novembro, por muitos motivos. Como filho de imigrantes que realizaram seus sonhos nos Estados Unidos, fui criado para ser grato ao país e a tudo o que ele oferece. Como confeiteiro e cozinheiro doméstico apaixonado, eu adoro o fato desse feriado girar em torno de uma refeição. Minha família come junta o tempo todo, mas o jantar de Ação de Graças não tem comparação. Ele evoca memórias de Dias de Ação de Graças passados, cada prato contribuindo com as próprias lembranças. Nas páginas a seguir estão as receitas dos Valastros para todos os pratos que não podem faltar nesse dia, do peru com molho de cranberry (oxicoco) a uma receita que está na nossa família há gerações, um recheio ítalo-americano para o peru.

JANTAR DE AÇÃO DE GRAÇAS

PERU COM ERVAS E MOLHO CASEIRO

{10 A 12 PESSOAS}

O peru com molho é o prato principal do jantar de muitas famílias no
Dia de Ação de Graças. E com os Valastros não é diferente. Este prato é um dos poucos que faz com que nos reunamos ao redor de uma mesa. Talvez porque, como um bolo, é preciso cortar o peru antes de servi-lo. Para um melhor resultado, retire o peru fresco ou descongelado da embalagem, seque-o com papel toalha, e deixe-o descansar na geladeira para a pele ressecar.

1 peru de cerca de 6,8 kg, fresco ou descongelado, com os miúdos e o pescoço removidos
1 maço de alecrim fresco
1 maço de tomilho fresco
7 colheres (sopa) de manteiga sem sal, sendo 6 em temperatura ambiente
sal
pimenta-do-reino moída na hora
1 cabeça de alho
1 limão-siciliano, cortado ao meio
2 cebolas, cortadas em quatro
1 folha de louro
10 grãos de pimenta-do-reino
1 cenoura, descascada e cortada em quatro pedaços
1 talo de salsão, cortado em quatro pedaços
1 colher (sopa) de farinha de trigo

1. Deixe o peru em temperatura ambiente por 2–3 horas antes de assá-lo.

2. Coloque a grade na parte inferior do forno e preaqueça-o a 200°C.

3. Pique bem 1 colher (sopa) de alecrim e 1 colher (sopa) de tomilho. Coloque as ervas picadas em uma tigela, adicione as 6 colheres (sopa) de manteiga amolecida, tempere com uma pitada de sal e pimenta e misture tudo com uma espátula. Reserve.

4. Tempere generosamente a pele do peru com sal e pimenta, esfregando as especiarias para ajudar a grudar. Levante a pele do peru e besunte toda a ave, entre a pele e a carne, com a manteiga de ervas. Recheie a cavidade do peru com o alho, as quatro partes de uma cebola, o limão-siciliano e o restante do alecrim e do tomilho. Amarre as pernas do peru pelas pontas com um barbante.

5. Asse o peru por 1 hora, girando a forma na metade do tempo. Se a pele escurecer rapidamente, cubra a ave com papel-alumínio sem apertar. Diminua a temperatura do forno para 180°C. Regue o peru com o caldo que se formar na assadeira. Continue a assar por mais 1 hora e 30 minutos, regando o peru

com o caldo a cada meia hora, até que um termômetro inserido na parte de dentro da coxa marque 68°C. Retire o peru da assadeira e cubra-o com papel-alumínio; deixe descansar por 30 minutos antes de cortar.

6. Enquanto o peru assa, prepare o molho. Coloque os miúdos e o pescoço em uma panela média e de fundo grosso. Acrescente a folha de louro, os grãos de pimenta, a cebola restante, a cenoura e o salsão e cubra com água. Deixe levantar fervura em fogo médio-alto e então diminua para fogo baixo e ferva até que o líquido tenha reduzido pela metade, após cerca de 30 minutos. Peneire o molho e descarte os sólidos.

7. Depois de tirar o peru do forno, coloque o caldo que ficou na assadeira em uma jarra comum ou em uma jarra própria para separar gordura. Deixe descansar por 2–3 minutos,

até a gordura subir e se separar do caldo da carne. Enquanto isso, em uma tigela pequena, misture bem a colher restante de manteiga com a farinha. Jogue fora a gordura e coloque o caldo da carne em uma panela média e leve ao fogo médio. Quando já estiver quente, mas ainda sem ferver, adicione a mistura de manteiga e farinha, mexendo constantemente para incorporar. Acrescente o molho dos miúdos, mexendo, e espere levantar fervura; abaixe o fogo e deixe ferver para engrossar até a consistência desejada. Sirva quente com o peru.

Dica: *Você pode incrementar ainda mais o molho adicionando ervas frescas picadas, como alecrim, tomilho ou sálvia. Cogumelos de Paris ou cogumelos selvagens fatiados, previamente salteados na manteiga com echalote picada, também são um excelente complemento ao molho.*

JANTAR DE AÇÃO DE GRAÇAS

PURÊ DE BATATAS
COM ALHO ASSADO

{8 PESSOAS}

Este prato se tornou um dos favoritos do Dia de Ação de Graças quase por acaso, quando Lisa estava assando alho para outra receita e decidiu espremer alguns dentes que haviam sobrado e misturá-los com as batatas. Se você nunca comeu alho assado, prepare-se para provar uma delícia: o gosto forte e marcante do alho fica suave e adocicado; e ele fica macio e pode ser esmagado. A cor é de um marrom brilhante, que fica muito legal em contraste com a cor clara das batatas e com o marrom escuro do molho de peru.

1 cabeça grande de alho
1 colher (sopa) de azeite de oliva
450 g de batata
sal
¾ xícara de leite ou de creme de leite
2 colheres (sopa) de manteiga sem sal

1. Coloque a grade no centro do forno e preaqueça-o a 225°C.

2. Corte a parte de cima da cabeça de alho, expondo os dentes. Posicione-a no centro de um pedaço grande de papel-alumínio (com 30 centímetros, mais ou menos); regue com azeite de oliva e embrulhe o alho com o papel-alumínio, fazendo um pacotinho. Não precisa fechar apertado. Coloque em uma pequena assadeira e asse até que você possa sentir o aroma do alho e os dentes fiquem macios quando testados com a ponta de uma faca, de 40–45 minutos. Retire do forno e desembrulhe; reserve até que esteja frio suficiente para ser manuseado.

3. Enquanto isso, prepare as batatas: descasque e corte em pedaços de 2,5 centímetros, colocando-as imediatamente em uma panela grande com água e sal. Leve ao fogo e cozinhe por 35 minutos, até que as batatas estejam cozidas e macias quando testadas com a ponta de uma faca. Quando estiverem quase prontas, aqueça um pouco, em uma panela a parte, o creme de leite ou o leite e a manteiga até que a manteiga esteja quase toda derretida.

4. Escorra toda a água das batatas em um escorredor e volte-as para a panela. Esprema os dentes de alho para que a casca saia e adicione-os às batatas. Esprema as batatas. Adicione a mistura aquecida de leite e manteiga, mexendo até ficar cremoso. Tempere a gosto com sal e sirva quente.

Bendito alho: *O alho assado é uma excelente maneira de acrescentar sabor a inúmeras receitas: misturado à maionese, forma um delicioso patê para passar no pão; misturado a molhos cremosos, acrescenta mais uma camada de sabor.*

JANTAR DE AÇÃO DE GRAÇAS

COUVE-GALEGA *SAUTÉE* COM VINAGRE DE VINHO TINTO E AMÊNDOAS

{6 A 8 PORÇÕES}

Na foto, com *Molho caseiro de cranberry*, receita na p. 224

Todo ano, alguma hortaliça se torna o item da moda nos restaurantes badalados dos Estados Unidos. Recentemente, a couve-galega tornou-se muito popular, o que fez minha família se sentir "na moda", já que os ítalo-americanos comem isso há gerações. Se você nunca comeu couve-galega, ela é agradável ao paladar e possui um sabor levemente apimentado, que combina muito bem com o gosto forte do alho e do vinagre de vinho tinto desta receita. As amêndoas dão um toque crocante, mas você pode deixá-las de fora e ainda assim a salada vai ficar deliciosa.

Além do peru do Dia de Ação de Graças, você pode servir couve-galega com frango, carne ou porco assado.

¼ xícara de azeite de oliva

5 dentes de alho

3 maços grandes de couve-galega crespa, com os caules retirados, as folhas lavadas e grosseiramente cortadas ou rasgadas

sal

pimenta-do-reino moída na hora

¼ xícara de vinagre de vinho tinto

⅓ xícara de amêndoas em lascas ou de pinholi torrados, se desejar

1. Aqueça o azeite em uma panela grande e de fundo grosso. Adicione o alho e frite por 2–3 minutos em fogo médio, mexendo de vez em quando, até que ele fique macio e levemente dourado.

2. Acrescente a couve-galega e mexa para cobri-la com o óleo; tempere com bastante sal e pimenta. Coloque o vinagre e, com um pegador, misture bem. Aumente para o fogo médio-alto. Cubra a panela e deixe cozinhar de 6–8 minutos, levantando a tampa para mexer de vez em quando, até que a couve esteja murcha. Adicione mais sal e pimenta se necessário.

3. Transfira a couve para uma travessa e jogue as amêndoas por cima, se desejar. Sirva morno.

FESTAS EM FAMÍLIA COM O CAKE BOSS

MOLHO CASEIRO DE CRANBERRY

{8 PORÇÕES}
Foto na p. 222

Verdade seja dita, não há nada de errado com os molhos de cranberry
(oxicoco) comprados prontos. Mas minha irmã Mary é obcecada por cranberries, então, quando é a
vez dela oferecer o jantar de Ação de Graças, ela sempre faz uma versão caseira do molho. O truque é
acrescentar um pouco de gengibre picado, que é o mais longe que se pode ir da versão ítalo-americana,
mas que dá um toque sutil e inegavelmente vibrante.

¼ xícara mais 1 colher (sopa) de açúcar

1 pacote de 280 g de cranberries congeladas,
descongeladas

2 colheres (sopa) de suco de laranja, de
preferência não use suco concentrado

1 pedaço de 2,5 cm de gengibre fresco,
picado

sal

pimenta-do-reino moída na hora

1. Coloque ¾ xícara de água e o açúcar em
uma panela média de fundo grosso. Leve ao
fogo médio-alto e mexa de vez em quando
até o açúcar dissolver, cerca de 3 minutos.
Adicione as cranberries, o suco de laranja, o
gengibre e uma pitada de sal e de pimenta.
Cozinhe por 12 minutos, mexendo de vez
em quando, até que a casca das frutas se
soltem e o caldo engrosse.

2. Retire a panela do fogo e deixe esfriar
um pouco; transfira o caldo para uma
tigela e coloque na geladeira para esfriar
completamente. Sirva gelado ou em
temperatura ambiente.

FESTAS EM FAMÍLIA COM O CAKE BOSS

RECHEIO DA FAMÍLIA VALASTRO

{16 A 20 PESSOAS E AINDA SOBRA}

Esta é realmente uma receita original da família Valastro, uma espécie de farofa ítalo-americana única, que não usamos para rechear o peru, mas servimos como acompanhamento. Ela é feita com linguiça, pão, mortadela, dois tipos de queijo, tomates, ovos, cebolas e ervas. A receita se originou com a minha falecida avó Madeline e hoje é feita pela minha irmã Mary, que a modificou um pouco ao longo dos anos: uma mistura de recheio para o peru, *frittata* e pizza de calabresa. Mas fique avisado: as pessoas vão se surpreender quando provarem este prato. E ainda vai sobrar bastante para o dia seguinte!

¼ xícara de azeite de oliva

1 cebola média, grosseiramente picada

1,3 kg de linguiça italiana (com ou sem erva-doce), sem a pele

400 g de croûtons temperados, comprado pronto

2 colheres (sopa) bem cheias de salsa lisa fresca picada (cerca de ½ maço)

5 dentes de alho grandes picados

225 g de queijo pecorino romano ralado fino (cerca de 2 xícaras)

450 g de mortadela em fatias finas (de preferência sem pistaches), cortadas em quadradinhos de 2,5 cm

900 g de *scamorza* (muçarela seca, encontrada em alguns supermercados e delicatessens), cortada em cubos médios (cerca de 4 xícaras)

900 g de muçarela fresca, cortada em cubos médios (cerca de 4 xícaras)

40-45 tomates cerejas picados, com as sementes retiradas e descartadas

1 xícara de farinha de rosca temperada

6 fatias de pão de forma, sem casca

½ colher (chá) de pimenta-branca moída

12 ovos em temperatura ambiente

1 colher (sopa) de fermento

JANTAR DE AÇÃO DE GRAÇAS

1. Coloque a grande no centro do forno e preaqueça-o a 180°C.

2. Aqueça uma colher (sopa) do azeite em uma frigideira grande e de fundo grosso, em fogo médio-alto. Acrescente a cebola e mexa até que ela fique macia, mas não dourada, por cerca de 3 minutos. Adicione a linguiça e deixe fritar por 15 minutos, mexendo de vez em quando para que ela cozinhe por igual, até que não haja mais nenhuma pedaço rosado de carne.

3. Enquanto isso, coloque água fria até a metade de uma tigela grande. Deixe os croûtons de molho por 3 minutos. Em outra tigela, misture a salsinha, o alho, o pecorino romano, a mortadela, a *scamorza*, a muçarela fresca, os tomates e a farinha de rosca. Retire os croûtons da água em pequenas porções e aperte bem, para retirar o máximo de líquido possível. Acrescente à mistura que está na tigela. Com as mãos, desfaça qualquer pedaço grande que tenha ficado na mistura.

4. Assim que a linguiça estiver pronta, escorra a gordura e acrescente-a à mistura.

5. Molhe as fatias de pão em água corrente e esprema, para retirar o excesso de água. Despedace o pão na tigela e tempere tudo com pimenta-branca.

6. Quebre os ovos sobre a mistura e mexa bem com uma colher de pau ou sove com as mãos, até que todos os ingredientes estejam incorporados. Acrescentes o restante do azeite de oliva e o fermento e mexa ou sove novamente. A mistura deve ficar bem úmida.

7. Unte com óleo uma forma de lasanha grande (no mínimo, 30 x 42 centímetros) ou outro tipo de assadeira grande (formas de papel-alumínio descartáveis de 42 x 28 x 6,5 centímetros também servem; em último caso você pode dividir em duas assadeiras menores, mas tente usar formas do mesmo tamanho para que cozinhem ao mesmo tempo). Coloque a mistura na assadeira e, com a colher de pau ou com uma espátula, nivele. Vai ficar uma camada baixa, mas ele precisa de espaço para crescer quando assar.

8. Leve ao forno por 1 hora até que a mistura tenha crescido e forme uma crosta dourada. Retire do forno e deixe descansar por 10 minutos antes de servir.

Dica: *Para tornar este recheio ainda mais rico, coloque uns pedacinhos de manteiga sem sal por cima, antes de assar.*

JANTAR DE AÇÃO DE GRAÇAS

BISCOITO DE MELADO

{30 BISCOITOS}

Essas especiarias podem não ser sazonais, mas as que são usadas nestes
biscoitos – canela, cravo e pimenta-da-jamaica – sempre me trazem o espírito do outono, porque várias
receitas dessa época usam esses ingredientes, inclusive a *Torta de abóbora com folhas de outono*
(p. 232). Geralmente, o aroma de açúcar é predominante na fábrica da Carlo's Bake Shop, mas,
no outono, é o cheiro dessas especiarias que perfuma o ambiente, e isso sempre me remete ao clima
das festas de final de ano.

2 ⅓ xícaras de farinha de trigo
1 ½ colher (chá) de bicarbonato de sódio
sal
¾ colher (chá) de canela em pó
¼ colher (chá) de cravo em pó
½ colher (chá) de pimenta-da-jamaica em pó
¾ xícara de manteiga sem sal, em
    temperatura ambiente
½ xícara de açúcar mascavo escuro
½ xícara de açúcar e mais um pouco para
    cobrir os biscoitos
1 ovo
1 ½ colher (chá) de extrato de baunilha
½ xícara de melado

1. Em uma tigela grande, peneire a farinha,
   o bicarbonato, o sal, a canela, o cravo e a
   pimenta-da-jamaica.

2. Na batedeira, em velocidade média-alta,
   bata a manteiga, o açúcar mascavo e o
   açúcar por cerca de 3 minutos, até formar
   um creme fofo e claro. Adicione o ovo
   e a baunilha e bata para incorporá-los.
   Acrescente o melado e bata novamente.

3. Em velocidade baixa, junte os ingredientes
   secos aos úmidos, em três adições, mexendo
   bem entre cada uma. Envolva a massa em
   filme plástico e coloque na geladeira por
   30 minutos ou durante uma noite.

4. Quando a massa estiver pronta para assar,
   coloque uma grade no centro do forno e
   preaqueça-o a 160°C. Forre duas formas de
   biscoito com papel-manteiga.

5. Forme bolinhas de massa, com 5 centímetros
   de diâmetro, e passe-as no açúcar; coloque
   as bolinhas na forma deixando um espaço
   de 5–7 centímetros entre elas. Achate as
   bolinhas delicadamente com os dedos. Asse
   de 10–12 minutos, trocando as formas de
   lugar na metade do tempo.

6. Transfira os biscoitos para uma grade, para
   esfriar; sirva imediatamente ou guarde em
   um recipiente hermético por até três dias.

JANTAR DE AÇÃO DE GRAÇAS

MASSA DE TORTA

{UMA TORTA DE 23 CENTÍMETROS}

Esta é a minha receita básica de massa de torta. Embora não haja nada errado em comprar uma massa pronta, fazer a própria massa é incomparável. Mesmo que não fique perfeita, seus convidados vão saber que você dedicou tempo e esforço e isso vai fazer dela ainda mais especial, particularmente em uma festa como o Dia de Ação de Graças.

2 xícaras de farinha de trigo e mais um pouco para polvilhar a superfície de trabalho
¾ xícara de gordura vegetal hidrogenada
1 colher (sopa) de açúcar
1 colher (chá) de sal marinho moído fino
7 colheres (sopa) de água gelada

1. Coloque a farinha, a gordura, o açúcar e o sal na batedeira. Com o batedor de pá, bata na menor velocidade possível por cerca de 30 segundos, até que todos os ingredientes se misturem (você também pode usar uma batedeira de mão, se deixar a gordura amolecer em temperatura ambiente antes de começar). Adicione 6 colheres (sopa) de água e bata até que ela seja absorvida, cerca de 30 segundos. Se a massa parecer seca ou quebradiça, adicione mais uma colher de água.

2. Envolva a massa em filme plástico e deixe descansar na geladeira por 30–60 minutos.

3. Polvilhe a superfície de trabalho com um pouco de farinha e abra a massa em um círculo de aproximadamente 35 centímetros de diâmetro (veja observação) e com cerca de 0,5 centímetro de espessura. Enrole a massa no rolo como um carretel (veja observação) e transfira-a para uma forma de 23 centímetros de diâmetro, desenrolando-a sobre a forma. Delicadamente, bata a forma no balcão para

a massa assentar. Segure a forma com as mãos em diagonal e gire, pressionando a borda para retirar o excesso de massa. Se estiver usando uma forma de papel-alumínio, você pode embrulhar tudo com filme plástico e congelar por até dois meses. Descongele até a temperatura ambiente antes de rechear e assar.

Pré-assando a massa: *Se você precisar assar a massa sem recheio, encha a torta com feijão ou arroz secos ou insira uma forma menor para prendê-la e vire de ponta-cabeça. Asse no centro do forno preaquecido a 180ºC, por cerca de 25 minutos.*

Como medir a massa para caber na forma sem usar régua

Se você não tiver uma régua na cozinha, coloque a forma de torta, com a boca para baixo, em cima da massa, o mais no centro possível. Deixe uma borda de 5 centímetros ao redor da forma (é mais fácil estimar "no olho" 5 centímetros do que os 35 centímetros pedidos na receita).

Como enrolar a massa no rolo

Coloque o rolo na extremidade da massa mais afastada de você e use os dedos para enrolar a massa em volta do rolo, como se fosse um carretel. Depois, simplesmente gire o rolo para enrolar o restante da massa em volta dele.

TORTA DE ABÓBORA COM FOLHAS DE OUTONO

{UMA TORTA DE 23 CENTÍMETROS, ENTRE 10 A 12 PORÇÕES}

Para mim, a torta de abóbora é como uma tempestade de sabores. Ela é feita com especiarias aromáticas e um vegetal que é a cara do outono. Durante a semana de Ação de Graças, nós vendemos inúmeras tortas de abóbora para clientes que as servem como sobremesa nos jantares comemorativos. Esta é a nossa receita, com um toque a mais: cortamos a massa no formato de folhas e as colocamos ao redor da torta, para destacar ainda mais esta época do ano.

Você vai precisar de um cortador do tipo ejetor em formato de folha.

450 g de purê de abóbora
¾ xícara de açúcar
1 ½ colher (chá) de amido de milho
½ colher (chá) de sal marinho moído fino
1 colher (chá) de canela em pó
¼ colher (chá) de cravo em pó
¼ colher (chá) de gengibre em pó
¼ colher (chá) de noz-moscada em pó
¼ colher (chá) de pimenta-da-jamaica em pó
¼ colher (chá) de macis em pó
1 colher (chá) de extrato de baunilha
1 ½ xícara de leite integral
2 ovos em temperatura ambiente
1 *Massa de torta* (p. 231) de 23 cm, sem assar, com o excesso da massa reservado para fazer as folhas, ou duas massas de torta de 23 cm compradas prontas
2 xícaras de *Chantili italiano* (p. 321) ou creme chantili comprado pronto

1. Coloque a grade no centro do forno e preaqueça-o a 230°C.

2. Na batedeira, coloque a abóbora, o açúcar, o amido de milho, o sal, a canela, o cravo, o gengibre, a noz-moscada, a pimenta-da-jamaica, o macis e a baunilha. Com o batedor de pá, bata em velocidade média-baixa, por aproximadamente 2 minutos.

3. Sem parar de bater, acrescente o leite em duas adições. Desligue a batedeira, raspe as laterais da tigela com uma colher de pau, ligue novamente e bata por mais 2 minutos. Adicione os ovos e bata até incorporá-los, aproximadamente por mais 2 minutos.

4. Despeje a mistura em uma massa de torta de 23 centímetros e asse por 15 minutos. Abaixe o fogo para 190°C e asse até que um palito inserido no centro saia limpo, por mais 30–40 minutos.

5. Retire a torta do forno e deixe esfriar por 1–2 horas.

6. Enquanto isso, corte as folhas com o que sobrou da massa. Distribua as folhas em uma forma levemente untada e asse até que fiquem douradas, de 8–10 minutos.

7. Depois que as folhas esfriarem, coloque-as na borda da torta, fixando-as com o chantili (a). Se desejar, decore o centro da torta com chantili (b). Sirva com mais chantili.

VÉSPERA DE NATAL

A véspera de Natal é um dos melhores dias do ano, ainda mais para quem tem crianças em casa. Não há nada igual à ansiedade delas pela chegada do Papai Noel e por poderem abrir os presentes. Quando eu penso em véspera de Natal, eu me lembro das minhas noites sem dormir, esperando o Papai Noel, e de rasgar o papel dos presentes na manhã seguinte. Quanto à comida, preciso ser honesto: por muito tempo, não fizemos jantares na véspera do Natal dignos de lembranças, nem na casa dos meus pais nem na minha casa. Sendo uma família de confeiteiros, sempre tivemos que manter a loja funcionando, tanto na véspera quanto no dia do Natal. Só há alguns anos nós passamos a fechar a loja no dia 25 e a celebrar com um verdadeiro jantar de Natal na noite do dia 24. Assim, não posso dizer que estas receitas sejam uma tradição na minha família, mas são os pratos que eu desejava comer na véspera de Natal quando minha família tinha que trabalhar e que agora, felizmente, podemos desfrutar juntos.

VÉSPERA DE NATAL

LINGUINE COM MEXILHÃO

{6 PESSOAS}

Na fotografia, com *Bolinho de abobrinha italiana*, receita na p. 238

Na véspera de Natal, minha família às vezes serve uma tradição italiana:

o Banquete dos Sete Peixes, que consiste de (no mínimo) sete pratos a base de peixe ou de frutos do mar. O clássico linguine com mexilhão é parte do cardápio, um toque bem apropriado para a cidade de Hoboken, já que pratos com mariscos fazem parte da rica história da minha cidade natal. (Frank Sinatra, natural de Hoboken, amava mexilhões a posillipo.)

Esta receita pode ser servida o ano todo: nas festas de fim de ano, como uma entrada, em pequenas porções, talvez com uma taça de champagne ou de prosecco; no verão, sirva com uma taça de vinho branco bem gelado.

8 dentes de alho, em fatias finas
2 colheres (sopa) de azeite de oliva
    extravirgem
700 ml de caldo de marisco pronto
3 dúzias de mexilhões pequenos, frescos
    e limpos
sal
700 g de macarrão tipo linguine
½ xícara de salsinha lisa fresca picada
3 colheres (sopa) de suco de limão-siciliano,
    espremido na hora

1. Coloque uma panela grande com água e sal para ferver.

2. Enquanto isso, frite ligeiramente o alho no azeite de oliva, em fogo médio-baixo, por 2–3 minutos, mexendo sempre até que fique macio. Acrescente o caldo de marisco e tempere com um pouco de sal.

3. Quando a água da panela estiver fervendo, coloque o linguine e cozinhe até que fique *al dente* (veja observação).

4. Enquanto o macarrão cozinha, espere o caldo de marisco ferver e adicione os mexilhões

lavados. Cubra a panela e deixe cozinhar, mexendo de vez em quando, cerca de 10 minutos, até que os mexilhões abram (descarte os mexilhões que não abrirem).

5. Escorra a massa e volte-a para a panela vazia. Adicione o caldo de marisco (reserve os mexilhões), o suco de limão e metade da salsinha; mexa com cuidado para cobrir e umedecer o macarrão. (A massa deve ser servida com muito caldo.)

6. Transfira a massa e o caldo para uma tigela grande ou seis tigelas pequenas.

7. Coloque os mexilhões abertos em cima do linguine e decore com o restante da salsinha.

Observação: *Se os mexilhões forem grandes, corte a carne e misture diretamente na massa, descartando as conchas vazias.*

Al dente: *Al dente quer dizer "ao dente", e é como os italianos gostam de comer massa. Para cozinhar o macarrão al dente, uma regra simples é reduzir em um ou dois minutos o tempo indicado na embalagem.*

FESTAS EM FAMÍLIA COM O CAKE BOSS

BOLINHOS DE ABOBRINHA ITALIANA

{16 PORÇÕES}
Foto na p. 236

Se você gosta de panquecas de batata, experimente esta versão
ítalo-americana: bolinhos de abobrinha italiana, que capturam o sabor deste vegetal subestimado em uma massinha salgada. Você pode servi-los sozinhos, como uma entrada, ou como acompanhamento para peixes e carnes.

2 abobrinhas italianas grandes, passadas no ralador grosso
1 colher (chá) de sal
1 colher (sopa) de farinha de trigo
2 colheres (sopa) de farinha de rosca sem tempero
1 ovo ligeiramente batido
1 colher (sopa) de salsa lisa fresca picada
raspas finas de ½ limão-siciliano (cerca de 1 colher de chá)
pimenta-do-reino moída na hora
óleo de canola ou azeite de oliva para fritar

1. Coloque a abobrinha ralada em uma peneira fina. Polvilhe ¾ colher (chá) de sal e deixe descansar na pia ou sobre uma tigela para retirar o excesso de umidade, por 30–60 minutos. Aperte para retirar o máximo de água possível, usando papel-toalha ou um pano de prato limpo.

2. Transfira a abobrinha para uma tigela grande e descarte a água. Acrescente a farinha e a farinha de rosca e, em seguida, o ovo. Misture. Adicione a salsinha, as raspas de limão e uma pitada ou duas de pimenta-do-reino. Mexa para incorporar.

3. Aqueça uma frigideira grande, em fogo médio, e adicione 1 colher (sopa) de óleo. Quando o óleo estiver quente, mas não fumegante, coloque colheradas da massa de abobrinha (cerca de 2 colheres de sopa) e deixe um espaço de 2–5 centímetros entre elas; achate-as delicadamente com as costas da colher ou com uma espátula. Não encha demais a frigideira. Deixe cozinhar, virando na metade do tempo, até que as bordas fiquem bem douradas e crocantes e que o meio esteja firme, de 6–7 minutos no total. Retire da frigideira e escorra sobre papel-toalha. Sirva quente.

VÉSPERA DE NATAL

PÃO DE ALHO

{8 PESSOAS}

Este é um dos alimentos ítalo-americanos básicos sempre presente, simples e para todas as ocasiões: pode ser servido como entrada, para comer com o molho das massas e como acompanhamento dos pratos principais. É assim que fazemos na minha família, com o pão embrulhado no papel-alumínio para absorver o delicioso sabor do alho, e só desembrulhado quando termina de assar, para ficar crocante. Ele enche a casa com o aroma maravilhoso do alho, abrindo o apetite de todo mundo.

4 dentes grandes de alho, picados
50 g de manteiga sem sal
sal
1 pão tipo baguete, cortado ao meio
salsa lisa fresca, picada, para decorar

1. Coloque a grade no centro do forno e preaqueça-o a 180°C.

2. Ponha o alho e a manteiga em uma panela pequena e de fundo grosso e adicione uma pitada de sal. Deixe a manteiga derreter completamente e borbulhar e o alho exalar seu aroma. Retire a panela do fogo.

3. Com um pincel, aplique uma camada generosa da manteiga de alho em cada metade do pão. Feche o pão e embrulhe-o em papel-alumínio. Transfira-o para uma assadeira e leve ao forno por 5 minutos. Em seguida, retire do forno, abra o papel-alumínio, deixe as metades do pão com alho viradas para cima e asse até ficar tostado, por mais 5 minutos.

4. Retire o pão do forno e decore com a salsinha. Corte em pedaços grandes e sirva quente.

VÉSPERA DE NATAL

PRIME RIB COM ALHO E ALECRIM

{10 A 12 PORÇÕES}

Poucos pratos representam tão bem ocasiões especiais como um assado de prime rib (no Brasil mais conhecido como chuleta ou contra-filé de costela). Nesta receita, uma pasta de alho e alecrim é inserida em buraquinhos feitos na carne. Quando a peça é assada, essa pasta derrete, enchendo-a do sabor das ervas.

uma peça de prime rib (chuleta ou contra-filé de costela) com 4 ripas (cerca de 4 kg) e com o excesso de gordura retirado
5 dentes de alho
sal
3 colheres (sopa) de alecrim fresco bem picado
6 anchovas em óleo, bem picadas (opcional)
azeite de oliva
1 colher (sopa) de pimenta-do-reino moída grossa
¼ echalote, picada

1. Tempere a carne com um pouco de sal. Deixe descansar em temperatura ambiente por 2 horas antes de assar.

2. Coloque uma grade no centro do forno e preaqueça-o a 225°C. Em um tábua de carne, pique bem o alho e tempere com sal. Com a lâmina da faca, esmague o alho e o sal, para formar uma pasta. Acrescente o alecrim picado, as anchovas, se for usar, e um pouco de azeite.

3. Transfira a carne para uma assadeira, com a parte da gordura virada para cima e os ossos para baixo. Tempere com bastante sal. Faça vários buraquinhos de 2,5 centímetros na carne, com uma faca afiada, e coloque neles um pouco da pasta de alho e alecrim. Um bom truque é deixar a lâmina da faca no buraquinho e colocar a pasta pressionando com o dedo. Esfregue a pasta que sobrar e mais azeite de oliva em toda a carne. Passe também pimenta em toda a carne.

4. Asse por 25 minutos, mudando a posição da forma uma vez, até que a carne esteja dourada em cima. Diminua a temperatura do forno para 180°C e continue a assar, mudando a posição da forma a cada 30 minutos, até que um termômetro inserido na parte mais grossa da carne indique 55°C (mais ou menos de 60–90 minutos). Retire do forno e transfira a carne para uma tábua, cubra completamente com papel-alumínio, sem apertar, e deixe descansar por 15–20 minutos.

5. Enquanto isso, coloque uma colher (sopa) de azeite em uma panelinha, aqueça em fogo médio-alto, adicione a echalote e cozinhe por 1 minuto. Ponha o caldo da carne que ficou na assadeira em uma jarra separadora de gordura ou em um copo medidor. Espere a gordura se separar do caldo da carne e subir, cerca de 1 minuto depois. Descarte a gordura e despeje o caldo da carne na panela com a echalote. Adicione mais caldo da carne, se achar necessário.

6. Com cuidado, tire os ossos e, em seguida, corte a carne em fatias finas. Sirva com o molho.

VÉSPERA DE NATAL

CHEESECAKE DE RICOTA

{8 A 10 PESSOAS}

Falando de um modo geral, há dois tipos de cheesecake: o italiano, de ricota, e o cremoso ao estilo de Nova York. Esta receita agrada todo mundo, pois é uma combinação do melhor de dois mundos: a ricota da versão italiana e o cream cheese e a massa de bolacha da versão nova-iorquina. Uma sobremesa com um gosto familiar e caseiro.

PARA A MASSA
½ xícara de manteiga sem sal, derretida
2 xícaras de bolacha doce esfarelada
2 colheres (sopa) de açúcar
sal

PARA O RECHEIO
3 xícaras de ricota integral
1 xícara de cream cheese
⅔ xícara de açúcar
6 ovos
1 xícara de creme de leite fresco
2 colheres (chá) de extrato de baunilha
raspas de 1 laranja pequena
canela em pó
2 colheres (sopa) de farinha

1. Coloque a grade no centro do forno e preaqueça-o a 200°C.

2. Faça a massa: junte a manteiga, a bolacha, o açúcar e uma pitada de sal no processador de alimentos e pulse até que fiquem bem moídos. Com os dedos, aperte essa farofa nos fundos e nas laterais de uma forma para torta com 25 centímetros de diâmetro. Asse até que fique levemente dourada, por cerca de 10 minutos. Retire a massa do forno e deixe esfriar.

3. Enquanto isso, na batedeira, bata a ricota e o cream cheese com o açúcar. Acrescente os ovos, o creme de leite fresco e a baunilha e bata até formar um creme homogêneo. Adicione as raspas de laranja, uma pitada de canela e a farinha e bata para incorporá-las.

4. Abaixe a temperatura do forno para 180°C. Coloque o creme sobre a massa já fria e leve ao forno. Asse por 45 minutos, até que o recheio fique firme, mas não dourado. Retire do forno e deixe esfriar completamente. Deixe na geladeira até a hora de servir.

243

VÉSPERA DE NATAL

FONDUE DE CHOCOLATE

{4 A 6 PESSOAS}

Minha família só costumava comer fondue de chocolate em restaurantes, mas nós gostamos tanto que decidimos investir em um aparelho de fondue e começamos a fazer em casa. Este é um prato que muitas pessoas lembram como sendo uma ótima maneira de comer queijo (e é), mas nós, os Valastros, adoramos degustá-lo como uma sobremesa. Você prepara o creme de chocolate e pode mergulhar nele frutas, pretzels, pedacinhos de bolo e tudo que combina bem com chocolate. As crianças adoram e os adultos se tornam crianças: uma maneira perfeita de encerrar um jantar na véspera do Natal.

PARA A FONDUE

½ xícara de creme de leite fresco

2 colheres (sopa) de manteiga sem sal

1 colher (sopa) de conhaque (opcional)

½ colher (chá) de extrato de baunilha

120 g de chocolate amargo picado

120 g de chocolate meio amargo picado

sal

PARA MERGULHAR NO CHOCOLATE

melão cantaloupe picado

morangos frescos

biscoitos

pretzels

bolo firme cortado em quadradinhos

1. Coloque o creme, a manteiga, o conhaque (se for usar) e o extrato de baunilha em uma panela média, em fogo médio-baixo, até começar a borbulhar.

2. Desligue o fogo, adicione os chocolates e uma pitada de sal. Mexa com uma colher de pau ou com uma espátula de silicone até que o chocolate derreta completamente e a mistura esteja homogênea (volte ao fogo rapidamente, se necessário). Transfira para a panela de fondue para manter o creme aquecido. Sirva com os seus acompanhamentos preferidos.

VÉSPERA DE NATAL

CROQUEMBOUCHE

{12 PESSOAS}

Esta é a minha versão ítalo-americana de uma sobremesa francesa, geralmente feita com carolinas unidas com caramelo. A versão dos Valastros é bem mais rica: as carolinas são recheadas e cobertas com um creme aromatizado com café espresso e polvilhadas com pó de café e raspas de chocolate. Elas podem ser pequenas em tamanho, mas são grandes em sabor e satisfazem bastante, então, costumo servir um croquembouche para cada dois convidados. Eu sempre digo que não há nada como a sobremesa para unir as famílias e esta eleva esse conceito a outros níveis.

11 xícaras de Creme "cauda de lagosta" (dobre a receita da p. 320, mas não use o Baileys), em um saco de confeitar com bico de estrela (pitanga) grande
4 colheres (sopa) de pó para café espresso (como as das cápsulas de café para máquina) e mais um pouco a gosto
24 carolinas (p. 251)
2 xícaras de raspas de chocolate compradas prontas

247

VÉSPERA DE NATAL

1. Coloque o creme "cauda de lagosta" em uma tigela grande e reserve. Ponha 2 colheres (sopa) de pó para café espresso em uma tigela refratária pequena e adicione 2 colheres (sopa) de água quente. Mexa para formar uma pasta e misture ao creme. Prove e, se desejar um sabor mais forte de café, prepare mais pasta de café usando as mesmas proporções de pó e água quente e acrescente a mistura.

2. Recheie as carolinas: com o dedo mindinho, faça um buraco no fundo de cada uma. Coloque o creme em um saco de confeitar com um bico de estrela (pitanga) grande e recheie as carolinas, colocando mais creme no saco de confeitar sempre que necessário (a, b).

3. Coloque um pouco de creme no centro de seis pratos de sobremesa. Distribua três carolinas ao redor do creme (c) e outra em cima. Ponha um prato de sobremesa de cada vez sobre um prato giratório e cubra as carolinas com bastante creme (d). Girando o prato, use uma espátula de bolo para alisar e cobrir as carolinas, sem deixar nenhum espaço sem creme (e). Polvilhe uma colher (chá) de pó para café espresso sobre a sobremesa pronta (f) e termine decorando com as raspas de chocolate.

VÉSPERA DE NATAL

CAROLINAS

{24 PORÇÕES}

Carolinas são casquinhas leves e aeradas, feitas com massa *choux,* base das famosas bombas da Carlo's Bake Shop. Para as bombas tradicionais, recheie com o *Creme italiano à base de ovos* (p. 316), seguindo as instruções da página 293. Três xícaras de creme são suficientes para rechear 24 carolinas.

6 colheres (sopa) de manteiga sem sal
sal
1 xícara de farinha de trigo
4 ovos

1. Coloque 1 xícara de água, a manteiga e uma pitada de sal em uma panela de fundo grosso e deixe levantar fervura, em fogo alto. Adicione a farinha e mexa com uma colher de pau até os ingredientes formarem uma massa homogênea e uniforme, por aproximadamente 2 minutos.

2. Transfira a massa para uma batedeira e use o batedor de pá (se não tiver, use o batedor normal). Comece em velocidade baixa e adicione os ovos um a um, batendo cerca de 1 minuto após colocar cada ovo, até que eles estejam completamente misturados à massa, parando a batedeira e raspando a tigela de vez em quando. Depois de acrescentar o último ovo, bata por cerca de 2 minutos. (Use a massa imediatamente. Ela não se conserva bem em geladeira.)

3. Coloque a grade no centro do forno e preaqueça-o a 230°C.

4. Ponha a massa em um saco de confeitar com bico redondo grande. Em duas formas antiaderentes, faça círculos de massa, com cerca de 5 centímetros de diâmetro por 1,5 centímetros de altura, deixando um espaço de 5 centímetros entre os círculos. A massa deve render 24 carolinas.

5. Asse as carolinas por 15–20 minutos, até ficarem douradas.

6. Retire do forno e deixe as carolinas esfriarem por 20 minutos. Elas podem ser armazenadas em um pote hermético por até dois dias antes de serem recheadas e servidas.

251

NATAL

O Natal é 100% alegria: desde as crianças abrindo os presentes até as pessoas se enfiando no carro para passear em avenidas vazias e visitar a família em ruas escondidas ao redor de Nova Jersey. Não é um dia em que você queira ficar cozinhando, porque, depois de tantas compras e de embrulhar tantos presentes, você quer relaxar e aproveitar a família. Recomendo uma refeição no estilo bufê, com comidas que as pessoas possam beliscar quando chegarem para uma visitinha. Este cardápio inclui alguns dos meus pratos favoritos, como salada de frutos do mar marinados e macarrão gratinado, perfeitos para beliscar ou para levar para a casa de outras pessoas. E o bolo no final é o máximo que se pode esperar para o Natal, lindamente decorado como um pacote de presente.

NATAL

SALADA DE FRUTOS DO MAR MARINADOS

{6 PESSOAS}

Eu como saladas de frutos do mar desde criança. Elas são uns dos pratos da culinária ítalo-americana mais populares, consumidos nas casas de família, nos restaurantes e nos bufês. O que eu gosto nos frutos do mar é que eles são fáceis de preparar – você só precisa passá-los na água quente, resfriá-los e temperá-los com um simples vinagrete – e oferecem uma grande variedade de sabores e texturas. Quando se trata de receber convidados, esta salada é um achado, porque os frutos do mar podem ser cozidos com até dois dias de antecedência e temperados na hora de servir.

900 g de camarões grandes (sem casca e limpo), frescos ou descongelados

900 g de lulas limpas, com os tentáculos removidos e reservados e o corpo fatiado em anéis de 1,5 cm

700 g de mexilhões frescos, com as fibras (a barba) removidas e as conchas esfregadas

1 xícara de *scungilli* (tipo de molusco) enlatados, escorridos e picados

¾ xícara de salsão picado, de preferência talos pequenos e macios

¼ xícara de suco de limão-siciliano e as raspas finas de ½ limão-siciliano

¼ xícara de azeite de oliva extravirgem

sal

pimenta-do-reino moída na hora

2 colheres (sopa) de alcaparras na salmoura

2 colheres (sopa) de orégano fresco, grosseiramente picado

1. Coloque água em um panela grande e leve ao fogo até levantar fervura. Ponha água gelada em duas tigelas grandes, até a metade, e deixa-as perto do fogão. Coloque os camarões na água e cozinhe-os até que fiquem firmes e rosados, por cerca de 2 minutos. Retire-os da água com uma escumadeira e mergulhe-os na água gelada. Deixe a água na panela levantar fervura novamente e coloque os anéis de lula. Cozinhe por 1,5 minuto, até que fiquem opacos. Retire e coloque-os na água gelada com o camarão. Espere a água levantar fervura novamente e ponha os mexilhões. Cozinhe até que as conchas estejam bem abertas, de 4–6 minutos. Descarte as conchas que não abrirem; transfira as outras para a água gelada. (Uma alternativa é colocar os frutos do mar em um escorredor e enxaguá--los em água corrente fria, até que esfriem.)

2. Retire os mexilhões das conchas. Deixe todos os frutos do mar escorrerem bem e coloque-os em uma tigela grande com os *scungilli*. (Os frutos do mar podem ser cozidos com um ou dois dias de antecedência; guarde-os na geladeira, em um recipiente hermético, e tempere na hora de servir. Nesse caso, retire-os da geladeira de 10–15 minutos antes de temperar e servir, para que voltem à temperatura ambiente.)

3. Espalhe por cima dos frutos do mar o salsão, o suco e as raspas do limão-siciliano, o azeite de oliva, uma pitada generosa de sal e de pimenta, as alcaparras e o orégano. Misture bem.

4. Sirva em uma travessa ou em pratos individuais.

NATAL

MACARRÃO GRATINADO

{6 A 8 PESSOAS}

Sempre que a família inteira se reúne, fazemos um prato de massa. E o macarrão gratinado é um dos meus clássicos preferidos. Esta é uma receita simples, mas os elementos principais – alho, tomate, manjericão e dois tipos de queijo (muçarela e pecorino romano) – estão em perfeito equilíbrio.

2 colheres (sopa) de azeite de oliva
5 dentes de alho, em fatias finas
4 latas de 400 g de tomates pelados, esmagados com as mãos, com o caldo
1 xícara (sem apertar) de manjericão fresco e mais um pouco para decorar
sal
pimenta-do-reino moída na hora
pimenta calabresa a gosto (opcional)
700 g macarrão *penne ziti*
2/3 xícara de queijo pecorino romano ralado
900 g de muçarela ralada grossamente

1. Aqueça o azeite em uma panela média, em fogo médio-alto. Frite o alho por cerca de 3 minutos, mexendo até ficar levemente dourado. Com cuidado, acrescente os tomates e seu caldo. Use o mixer de mão para fazer um purê ou passe o molho para o copo do liquidificador e bata um pouco de cada vez.

2. Volte o molho para a panela e misture o manjericão, uma pitada de sal e de pimenta, e a pimenta calabresa, se for usar. Deixe ferver em fogo médio e mexa de vez em quando, até que o molho esquente e escureça (25 minutos). Desligue o fogo e deixe esfriar um pouco.

3. Enquanto isso, coloque a grade no centro do forno e prequeaça-o a 190°C. Em uma panela grande, ponha água e sal e deixe levantar fervura. Acrescente o macarrão e cozinhe-o até quase *al dente* (geralmente, 2 minutos a menos do que informado nas instruções da embalagem). Escorra-o e volte para a panela vazia.

4. Espalhe uma fina camada de molho no fundo de uma assadeira funda de vidro, com 23 x 33 centímetros. Desepeje o restante do molho na massa e acrescente metade do pecorino romano. Coloque a massa na assadeira e nivele com uma espátula. Polvilhe uniformemente com a muçarela e o restante do pecorino romano.

5. Asse até que os queijos tenham derretido e estejam levemente dourados, e que o molho esteja quente e borbulhante, por cerca de 35 minutos. Retire do forno e decore com manjericão. Espere esfriar um pouco e corte em quadrados ou sirva bem quente em pratos fundos.

NATAL

TENDER DE FESTA
COM MOLHO DE CEREJA

{8 A 10 PESSOAS}

Como o prime rib da página 241, o tender glaçado é uma daquelas
criações perfeitas para as festas de fim de ano.

1 tender defumado com osso, de 3 kg a
    3,5 kg
⅓ xícara de geleia de cereja
2 colheres (sopa) de açúcar mascavo
1 colher (sopa) de suco de limão-siciliano
    espremido na hora
pimenta-do-reino moída na hora
tomilho seco
sal a gosto

1. Posicione a grade na parte inferior do forno e
   preaqueça-o a 160°C. Começando pela lateral do tender e trabalhando horizontalmente
   ao longo da parte de cima, corte linhas
   superficiais na carne, usando uma faca afiada.
   Deixe um espaço de 2,5 centímetros entre
   cada linha. Em seguida, faça linhas no sentido
   vertical, formando um xadrez.

2. Coloque o tender em uma assadeira
   antiaderente ou forrada com papel-alumínio.
   Cozinhe cerca de 20 minutos por cada quilo
   de carne, até que um termômetro inserido
   na parte mais grossa do presunto (sem
   enconstar no osso) registre 55°C, cerca
   de 2 horas e 20 minutos no total.

3. Enquanto isso, em uma panela pequena,
   misture a geleia, o açúcar mascavo, o suco
   de limão e uma pitada de sal, pimenta e
   tomilho. Deixe levantar fervura em fogo
   médio-alto e cozinhe até engrossar um
   pouco, por 1–2 minutos.

4. Quando o tender estiver cozido, retire do
   forno e, com um pincel, cubra toda a carne
   cuidadosamente com a mistura de geleia.
   Volte ao forno e aumente a temperatura
   para 230°C. Asse até que a cobertura
   glaçada borbulhe e esteja levemente
   dourada, cerca de 8 minutos depois. Retire
   do forno e deixe descansar de 15–30
   minutos antes de fatiar e servir.

NATAL

BISCOITOS DE NATAL

{24 BISCOITOS}

Na foto, com *Sanduíches de biscoito de gengibre*, receita na p. 262

Visualmente, estes biscoitos são muito legais: eles parecem as bengalinhas

de Natal, uma bala muito comum nos Estados Unidos nessa época do ano, com uma tira vermelha e uma tira branca enroladas juntas. Quando chega o Natal todos os anos, Lisa e as crianças assam um porção desses biscoitos e convidam todos os primos para uma festa de última hora.

Eles ficam melhores ainda no dia seguinte, e você pode guardá-los por uma semana e meia em um recipiente bem fechado.

2 xícaras de farinha de trigo
½ colher (chá) de fermento em pó químico
sal
⅓ xícara de manteiga sem sal
⅓ xícara de gordura vegetal hidrogenada
1 ovo
¾ xícara de açúcar
1 ½ colher (chá) de extrato de baunilha
cerca de 16 gotas de corante alimentício
    vermelho

1. Em uma tigela média, misture a farinha, o fermento e o sal e reserve.

2. Na batedeira, bata a manteiga e a gordura em velocidade média-alta. Adicione o ovo, o açúcar e a baunilha e bata em velocidade média, até incorporá-los. Reduza para velocidade baixa e acrescente os ingredientes secos.

3. Divida a massa em duas porções iguais. Enrole uma porção em filme plástico. Coloque a outra em uma tigela média e adicione o corante, poucas gotas de cada vez, misturando bem com as mãos a cada adição, para ajudar o corante a incorporar. (Aviso: você vai ficar com os dedos cor-de-rosa!) Quando todo o corante tiver sido adicionado, cubra a massa em filme plástico. Ponha as duas porções de massa na geladeira e deixe por 1 hora, até ficarem firmes.

4. Coloque uma grade no centro do forno e preaqueça-o a 190°C. Forre duas formas grandes com papel-manteiga.

5. Pegue uma pequena porção de uma das massas (cerca de 1 colher de sopa) e enrole sobre uma superfície limpa, formando um tubo fino (0,5–1 centímetro de espessura). Corte para deixá-lo com 10 centímetros de comprimento. Repita o processo com outra cor de massa. Quando os dois tubos das duas cores diferentes estiverem preparados, coloque os lado a lado na superfície de trabalho e role-os juntos, para grudarem um no outro. Torça para tornar uma espiral colorida e vire uma ponta no formato de um gancho, para fazer uma bengala. Coloque na forma preparada. Faça o mesmo com o restante da massa.

6. Asse até que os biscoitos fiquem firmes, mas não dourados, por 8–10 minutos. Retire do forno e deixe esfriar na própria forma, de 3–5 minutos, então transfira para uma grade e espere esfriar completamente.

261

FESTAS EM FAMÍLIA COM O CAKE BOSS

SANDUÍCHES DE
BISCOITO DE GENGIBRE
{CERCA DE 16 SANDUÍCHES}
Foto na p. 260

Todas as crianças da família costumavam se reunir para fazer estes
biscoitos na nossa casa; agora, nós os fazemos na fábrica da confeitaria.

PARA OS BISCOITOS

3 ½ xícaras de farinha de trigo
1 ½ colher (chá) de bicarbonato de sódio
sal a gosto
1 ½ colher (chá) de gengibre em pó
1 colher (chá) de canela em pó
½ colher (café) de cravo em pó
½ colher (café) de pimenta-da-jamaica em pó
1 xícara de manteiga sem sal, em
    temperatura ambiente
1 xícara bem cheia de açúcar mascavo escuro
½ xícara de açúcar
1 ovo
¼ xícara de melado

PARA O RECHEIO

⅓ xícara de manteiga sem sal, em
    temperatura ambiente
½ colher (chá) de extrato de baunilha
sal
1 ½ xícara de açúcar de confeiteiro
1 colher (sopa) de leite e mais um pouco
    se necessário

1. Para a massa: em uma tigela grande, misture a farinha, o bicarbonato, o sal, as especiarias e reserve. Na batedeira, bata a manteiga e os açúcares, até formar um creme fofo e claro. Adicione o ovo e bata para incorporar. Ponha o melado e bata novamente, parando para raspar as laterais da tigela uma vez, se necessário.

2. Coloque os ingredientes secos em três porções, batendo para incorporar depois de cada adição. Retire a massa da batedeira e coloque em cima de um filme plástico. Forme um disco e envolva toda a massa com o plástico. Coloque na geladeira até firmar, por pelo menos 2 horas. (A massa pode ser preparada com até um dia de antecedência.)

3. Prequeça o forno a 180°C. Retire a massa do plástico e divida ao meio. Cubra novamente uma das metades da massa e volte à geladeira; deixe a outra metade descansar em temperatura ambiente por alguns minutos, para amolecer um pouco. Polvilhe farinha na superfície de trabalho e no rolo de massa. Abra a massa com 0,5 centímetros de espessura.

4. Forre uma forma com papel-manteiga. Corte a massa com os cortadores em formato de bonequinho e coloque-os na assadeira preparada. (Se a massa parecer muito mole, refrigere os bonequinhos, já na forma, por 15 minutos antes de assar.) Asse até os biscoitos ficarem firmes e apenas começarem a ficar crocantes, por 12–15 minutos. Retire do forno e deixe esfriar na própria forma, por 5 minutos. Depois transfira para uma grade para esfriar completamente. Repita o processo para o restante da massa.

5. Enquanto isso, prepare o recheio dos sanduíches. Bata a manteiga e a baunilha com uma pitada de sal, até ficar fofo. Adicione o açúcar de confeiteiro em duas adições e bata em velocidade baixa para incorporá-lo. Acrescente o leite e bata até que o creme fique grosso, mas que possa ser espalhado sobre os biscoitos. Se necessário, coloque mais leite, 1 colher (chá) de cada vez, até atingir o ponto desejado. Espalhe um pouco do creme sobre um biscoito e cubra com outro, fazendo um sanduíche.

NATAL

SORVETE DE EGGNOG

{6 XÍCARAS}

Dois dos meus doces preferidos misturados! Eu simplesmente adoro

eggnog – uma bebida típica da época do Natal nos Estados Unidos, que parece uma gemada com leite e noz-moscada. É daqueles itens só ficam disponíveis nos supermercados por apenas algumas semanas do ano, o que o torna especial. E o eggnog como sorvete fica tão especial! Você pode servir só o sorvete, fazer um sundae ou batê-lo como *milk-shake*.

1 ¼ xícara de leite

7 gemas

1 xícara de açúcar

1 ¾ xícara de creme de leite fresco

2 colheres (sopa) de rum escuro

½ colher (chá) de noz-moscada em pó

½ colher (chá) de canela em pó e mais um pouco para decorar

½ colher (chá) de cravo em pó

1. Em uma panela média e de fundo grosso, ferva o leite em fogo médio. Enquanto isso, bata as gemas e o açúcar.

2. Quando o leite começar a ferver, retire a panela do fogo. Com uma concha, coloque um pouco do leite (cerca de 3-4 colheres de sopa) na gemada, mexendo constantemente para incorporá-lo bem aos ovos. Depois de incorporado, ponha o restante do leite, mexendo sem parar.

3. Transfira essa mistura para a panela e leve ao fogo baixo. Cozinhe, mexendo constantemente, até que a mistura engrosse um pouco (o suficiente para cobrir as costas de uma colher), cerca de 5 minutos depois. Retire do fogo e passe por uma peneira fina sobre uma tigela refratária. Acrescente o creme de leite, o rum e as especiarias. Cubra e deixe na geladeira por cerca de 2 horas e 30 minutos.

4. Retire a mistura da geladeira e coloque-a em uma sorveteira; siga os instruções do fabricante para fazer o sorvete. Transfira para o recipiente que vai ao congelador e polvilhe com canela. Congele até ficar firme, de 1–2 horas.

NATAL

BOLO PRESENTE DE NATAL

{UM BOLO QUADRADO DE 25 CENTÍMETROS)

Este é um bolo de Natal para arrasar os outros bolos de Natal, decorado como uma caixa de presente, com um grande laço vermelho e brilhante. Nós criamos a primeira versão deste bolo em um Dia das Mães, há alguns anos, mas ele é perfeito para o Natal.

3 bolos quadrados de 25 cm da sua preferência (pp. 302 a 308), com o recheio da sua escolha (pp. 312 a 321)

6 xícaras do *Creme de manteiga para decoração* (p. 312) branco

1 kg de pasta americana branca

120 g de corante em pó dourado

60 a 90 ml de álcool de cereais ou vodca

cerca de 450 g de pasta americana verde

900 g de pasta americana vermelha

cerca de 1 ½ xícara de *Creme de manteiga para decoração* (p. 312) vermelho

UTENSÍLIOS

base de madeira quadrada de 35 cm, com 0,5 cm de espessura

quadrado de papelão de 25 cm

rolo texturizado

faca bem afiada

carretilha para pasta americana

vaporizador

caneta d'água

um saco de confeitar com bico redondo médio

um saco de confeitar com bico redondo médio, com adaptador. (Não use o bico para aplicar a primeira camada de cobertura ao bolo, veja explicação na p. 297.)

1. Coloque uma base de madeira de 35 x 35 centímetros em cima de um prato giratório. Posicione o quadrado de papelão no centro da base de madeira e sobre ele monte um bolo quadrado de 25 centímetros com três camadas com o recheio de sua escolha (três camadas de bolo e duas camadas de recheio, para ficar com 12 centímetros de altura) e aplique a primeira camada de cobertura do creme de manteiga (p. 297).

2. Abra a pasta americana branca com 0,5 centímetro de espessura. Passe sobre ela o rolo texturizado, para dar a aparência de papel de presente (a). Cubra o bolo com a pasta americana e fixe-a no lugar com o alisador (b). Corte os excessos (pp. 297–299).

3. Coloque o corante dourado em pó em uma tigela e acrescente álcool de cereais na quantidade suficiente para formar uma tinta. Pinte uniformemente o bolo de dourado e deixe secar um pouco (c).

4. Cubra a base ao redor do bolo com o creme de manteiga branco e espalhe-o com uma espátula. Corte 4 tiras de pasta americana verde, cada uma com 35 x 10 centímetros e cole-as ao redor do bolo (d). (Depois de aplicar a primeira tira, corte as tiras seguintes do tamanho certo antes de colocá-las no bolo, para que elas não se sobreponham e fiquem no mesmo nível.) Aplique vapor onde as tiras se encontram e pressione delicadamente com os dedos, para colá-las e uniformizar a linha onde elas se unem.

267

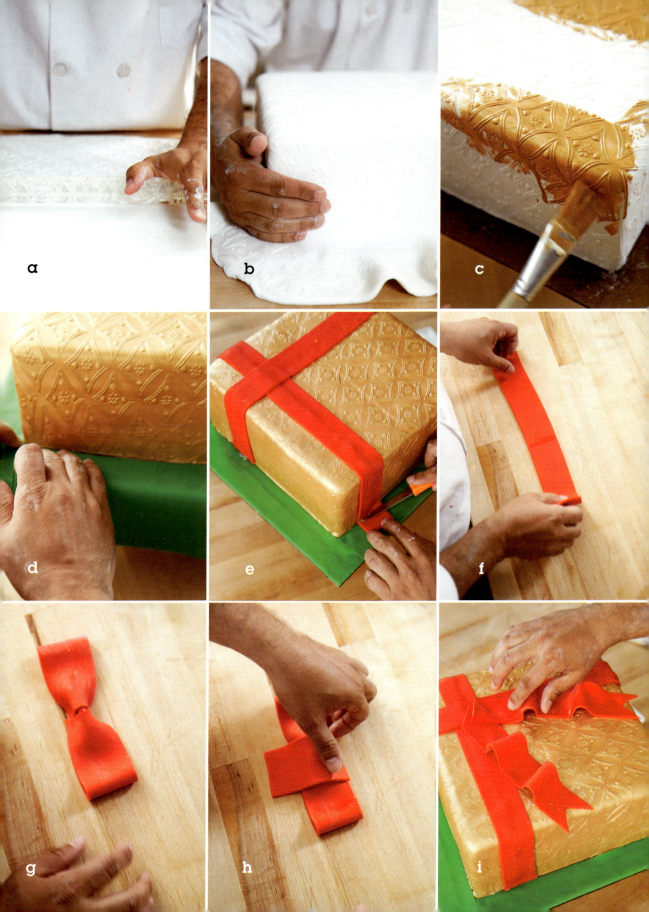

NATAL

5. Abra metade da pasta americana vermelha com pelo menos 48 centímetros de comprimento e 8 centímetros de largura. Use a carretilha para cortar 2 tiras de 48 centímetros de comprimento com 4 centímetros de largura. Imaginariamente, divida o bolo na vertical em três partes iguais. Use o creme de manteiga que está no saco de confeitar para marcar onde colocar as faixas da "fita" de presente. Cubra com 2 tiras vermelhas. Corte os excessos (e).

6. Abra o restante da pasta americana vermelha com 0,5 centímetro de espessura e forme um retângulo de aproximadamente 16 x 23 centímetros. Com a carretilha, corte uma tira de 23 x 4 centímetros de largura, uma tira de 7,5 x 4 centímetros de largura e duas tiras de 15 x 4 centímetros de largura.

7. Para fazer o laço, vire a parte de cima da tira de 23 centímetros para baixo e, com a caneta d'água, aplique uma camada fina de água no centro, com aproximadamente 2,5 centímetros de largura.

8. Levante as extremidades da tira (f), junte-as no centro e fixe-as, formando as duas voltas do laço. Pressione delicadamente para garantir que elas colem na parte umedecida, no centro da tira (g).

9. Vire a parte de cima da tira de 7,5 centímetros para baixo e, com a caneta d'água, umedeça toda a superfície. Coloque esta faixa no centro do laço, perpendicularmente (h).

10. Ponha o dedão e o indicador nas voltas do laço e vire-o. Dobre a tira que está no centro para ela dar a volta no laço. Umedeça as pontas com água e cole-as do lado de trás do laço.

11. Vire a parte de cima das duas tiras de 15 centímetros para baixo e corte um triângulo de 2,5 centímetros em cada ponta, para que fiquem parecendo fitas de presente.

12. Posicione as tiras com a ponta cortada sobre o bolo, partindo de onde as faixas que já estão sobre ele se cruzam (onde vai ficar o laço) e deixando os lados com o corte triangular o mais afastados possível de onde vai ficar o laço. Use a caneta d'água para umedecer as faixas em dois ou três pontos e cole a tira ao bolo, formando umas "ondas" (i).

13. Coloque o laço no ponto onde as faixas se encontram, fixando-o com um pouco de água.

14. Aplique vapor em todo o bolo, para dar um aspecto brilhante e uniforme.

15. Gire o prato e faça uma borda ao redor da base do bolo, com o creme de manteiga vermelho.

OS CAMPEÕES DO BUFÊ DE ANO-NOVO

Os anos marcam o tempo em nossas vidas, e o momento de virar a página e passar de um ano para outro merece uma grande comemoração! O cardápio desta seção contém as minhas comidas favoritas para festas de Ano-novo, simples e sem frescuras. Há figos com massa folhada, que combinam salgado e doce em cada mordida; *pizzettes* (pequenas pizzas), que são perfeitas para servir em bandejas; um coquetel de champanhe, o preferido de Lisa para o dia 31 de dezembro; e um sabor do Velho Mundo na combinação de linguiça e lentilhas, comida na Itália para se ter boa sorte. O bolo de elefante cor-de-rosa tem uma história engraçada por trás: nos Estados Unidos, dizem que quando você bebe muito, vê elefantes cor-de-rosa. Se quiser, você pode deixá-los de fora e ainda assim o bolo será bonito e delicioso.

FESTAS EM FAMÍLIA COM O CAKE BOSS

COQUETÉIS DE
CHAMPANHE E MORANGO

{8 PESSOAS}

Foto na p. 280

Se há uma noite do ano em que você tem que beber champanhe, é a
noite de Réveillon. Uma taça dessa bebida borbulhante e gelada é tudo do que você realmente precisa, mas para uma noite especial como essa, você pode caprichar e deixá-la ainda mais sofisticada (deve ser o confeiteiro que há em mim falando). Nesta receita, a borda das taças é decorada com açúcar e os morangos esmagados e o suco de limão acrescentam sabor e cor à bebida. Com esta, que é uma das bebidar preferidas de Lisa, é garantido que você vai agradar a todo mundo. Saúde!

2 xícaras de morangos frescos, gelados, sem talo e picados em pedaços pequenos

suco de 1 limão-siciliano grande

¼ xícara de açúcar

1 garrafa de champanhe ou de espumante branco

1. Coloque os morangos em uma tigela e esmague-os ligeiramente com um garfo; reserve.

2. Despeje o suco de limão em uma tigela rasa. Coloque o açúcar em um prato raso ou em uma tigela rasa. Com delicadeza, molhe a borda de cada taça no suco de limão e passe, em seguida, no açúcar. Chacoalhe o prato para cobrir bem toda a borda com o açúcar.

3. Coloque 1–2 colheres (chá) dos morangos esmagados e cerca de ¼ colher (chá) do suco de limão no fundo de cada taça. Cubra com champanhe ou espumante.

OS CAMPEÕES DO BUFÊ DE ANO-NOVO

LENTILHAS COM CEBOLA

{8 PORÇÕES}

As lentilhas são uma tradição de Réveillon na Itália, servidas com *cotechino*, um tipo de linguiça de porco (p. 278). Estou muito feliz de poder compartilhar esta receita com vocês, porque sempre achei que as lentilhas são subestimadas nos Estados Unidos. Como o feijão branco, as lentilhas absorvem o gosto daquilo que é cozido com elas, mas são uma escolha mais surpreendente, uma vez que a maior parte das pessoas só conhece as lentilhas em sopas, quando conhece. Elas são deliciosas com carne de porco, pratos de caça e até mesmo com peixes de carne branca, e o que sobrar – se sobrar – pode ser comido em temperatura ambiente.

1 colher (sopa) de manteiga sem sal

1 cebola, sem casca e cortada em fatias finas

sal

4 dentes de alho, sem casca e cortados em fatias finas

2 ⅔ xícara de lentilhas

⅔ xícara de vinho tinto

2 folhas de louro

2–3 ramos de tomilho fresco

3–4 ramos de salsa lisa fresca

pimenta-do-reino moída na hora

1. Derreta a manteiga em uma panela média e de fundo grosso, em fogo médio-alto. Coloque a cebola e tempere com sal. Cozinhe por 5 minutos, adicione o alho e continue cozinhando por mais 3–5 minutos, mexendo até que fiquem macios e levemente dourados.

2. Acrescente a lentilha e, em seguida, o vinho tinto. Cozinhe por 2 minutos, mexendo uma ou duas vezes, até que a maior parte do líquido tenha evaporado ou seja absorvido pelas lentilhas. Adicione as folhas de louro, o tomilho e a salsa; tempere com sal e uma quantidade generosa de pimenta-do-reino. Coloque água o suficiente para cobrir tudo (cerca de 4 xícaras) e deixe ferver em fogo baixo, com a panela tampada. Cozinhe por cerca de 40 minutos, até as lentilhas ficarem macias. Adicione mais água, se necessário (a lentilha deve ficar úmida, mas não virar uma sopa). Retire os ramos das ervas e as folhas de louro antes de servir.

FESTAS EM FAMÍLIA COM O CAKE BOSS

PIZZETTE DE TOMATE E ABOBRINHA ITALIANA

{16 FATIAS}

Fazer pizza em casa nunca me intimidou, mas, como vocês sabem,
eu sou um confeiteiro! Quanto mais fãs eu conheço, mais eu vejo quantas pessoas acham que não conseguem fazer pizza em casa. Se você se identificou, tente fazer estas *pizzette*: elas são feitas com massa folhada pronta, não precisam ser assadas em forno a lenha ou em pedra de pizza e são leves, deixando muito espaço para o jantar (e o champanhe) no Ano-novo ou em qualquer ocasião em que você as sirva. Todo mundo na minha família – crianças e adultos – amam esta entrada, e tenho certeza que a sua família também vai amar.

420 g de massa folhada, descongelada

225 g muçarela integral ou *light* (aproximadamente 2 xícaras)

2 abobrinhas italianas médias, lavadas e cortadas em fatias finas

1 xícara de tomates grape ou tomates-cereja pequenos (cerca de 16 unidades), cortados ao meio no sentido do comprimento

½ cebola vermelha, cortada em fatias finas

1. Coloque a grade no centro do forno e preaqueça-o a 245°C.

2. Corte a massa folhada em 16 retângulos iguais. Estique um pouco a massa e dê um formato mais quadrado. Pressione os cantos com a ponta dos dedos para formar uma borda, como uma pizza. Distribua os quadrados em uma ou duas formas antiaderentes.

3. Recheie o centro dos quadrados com queijo (cerca de 2 colheres de sopa não muito cheias de muçarela ralada). Cubra com duas ou três fatias de abobrinha, duas ou três metades de tomate e umas rodelas de cebola.

4. Asse por 10–12 minutos até ficarem fofas, crocantes e douradas nas bordas. Retire do forno, transfira para uma travessa e sirva quente.

OS CAMPEÕES DO BUFÊ DE ANO-NOVO

FIGOS EM MASSA FOLHADA

{18 PORÇÕES}

Na foto, com *Linguiça* cotechino, receita na p. 278

Este é um dos meus aperitivos preferidos! Você já deve ter provado enroladinhos de salsicha ou de frios, mas que tal um enroladinho de figo? A fruta envolvida na massa folhada é sutilmente doce. Os figos cozinham bem, ficam macios e quase se misturam à massa. O gosto é entre o doce e o salgado, então faz sentido regá-los com um pouco de mel e polvilhar um pouco de sal.

1 ovo batido

250 g de massa folhada congelada, descongelada

9 figos frescos, cortados ao meio no sentido do comprimento, com as extremidades duras removidas

mel, para regar

sal

1. Coloque a grade no centro do forno e preaqueça-o a 225°C. Forre uma assadeira com papel-alumínio.

2. Adicione 1 colher (sopa) de água gelada ao ovo, misture e reserve.

3. Use um cortador de pizza para fazer retângulos de massa folhada com 7,5 x 5 centímetros. Corte retângulos suficientes para todos os figos. Pegue um figo e segure-o com a ponta cortada para cima; com a outra

mão, enrole a massa folhada ao redor dele, esticando a massa para cobrir a parte de baixo. Pincele uma das extremidades da massa com o ovo e pressione bem para selar. (Deve parecer que o figo está dentro de um ninho de massa folhada, com a parte cortada para cima.) Repita o processo para todos os figos e toda a massa.

4. Regue a parte exposta do figo com um pouco de mel e polvilhe com sal. Asse até que a massa fique dourada e o figo pareça úmido e cozido, cerca de 20 minutos. (Verifique o forno aos 15 minutos: se os figos estiverem soltando muita água, mude-os ligeiramente de lugar, para que não fiquem encharcados.)

5. Retire a assadeira do forno e deixe esfriar por 2 minutos. Em seguida, arrume os figos em um prato ou em uma travessa e sirva.

FESTAS EM FAMÍLIA COM O CAKE BOSS

LINGUIÇA *COTECHINO*

{8 PESSOAS}
Foto na p. 276

Minha primeira lembrança destas linguiças de porco são de um Réveillon, quando eu era criança. Elas foram uma das minhas primeiras lições sobre a vida da minha família na terra natal: minha avó Grace nos contou que elas eram servidas na Itália no Ano-novo, acompanhando as *Lentilhas com cebola* (p. 263), para trazer sorte ao ano que se iniciava. Além disso, estas linguiças são uma delícia, ainda mais da maneira como são preparadas nesta receita: cozidas no caldo de frango e depois fritas no óleo com alho. Assim que você experimentar, descobrirá o que a minha família sabe há gerações: você não vai querer esperar um ano inteiro para fazê-las de novo!

2 linguiças *cotechino* frescas (sem cozinhar), com cerca de 450 g cada
1 litro de caldo de galinha
1 folha de louro
2 colheres (sopa) de óleo vegetal
2 dentes de alho
lentilhas com cebola (opcional)

1. Fure a pele das linguiças em alguns pontos, usando um garfo ou a ponta de uma faca. Coloque-as em uma panela grande e acrescente o caldo de galinha e a folha de louro; despeje água, se precisar, para cobrir as linguiças. Deixe o líquido levantar fervura em fogo alto, depois baixe o fogo e aguarde as linguiças cozinharem bem, cerca de 1 hora. Escorra e deixe esfriar até que possa manuseá-las. (É possível cozinhar a linguiça com até 1 dia de antecedência; nesse caso, enrole as linguiças com plástico e coloque-as na geladeira.)

2. Transfira-as para uma tábua e corte fatias de 1,5 centímetros de espessura. Aqueça uma frigideira antiaderente em fogo médio-alto e ponha o óleo. Frite o alho até ficar levemente dourado, cerca de 3 minutos. Retire o alho da frigideira e coloque as linguiças, aos poucos se necessário (o óleo deve chiar quando a linguiça encostar nele). Frite, virando uma vez, até que fiquem levemente tostadas e douradas nos dois lados, de 4–6 minutos no total.

3. Sirva as fatias de linguiça em uma travessa. Se for servir com a lentilha, coloque-a em uma tigela no centro da travessa de linguiça.

OS CAMPEÕES DO BUFÊ DE ANO-NOVO

TIRAMISU ALCOÓLICO

{8 PORÇÕES}

Na foto, com os *Coquetéis de champanhe e morango*, receita na p. 272

Tiramisu significa algo como "levante-me" ou "pegue-me" e é o nome de uma sobremesa italiana feita de bolacha champanhe umedicida com café espresso. Este é o doce preferido da minha família, aquele que escolhemos na confeitaria quando precisamos de uma dose de açúcar, café e carboidrato durante um longo dia. Nesta versão, adicionamos um pouco de conhaque para deixá-lo mais festivo e adequado para o Ano-novo; você pode fazer uma versão sem álcool apenas deixando este ingrediente de fora. Também troquei a cobertura tradicional de cacau em pó por um pouco de raspas de chocolate, que ficam mais bonitas e não roubam a cena do resto da sobremesa.

2 xícaras de creme de leite fresco

¼ xícara de açúcar de confeiteiro

450 g de queijo mascarpone

1 xícara de café espresso ou de café bem forte, frio

1 colher (sopa) de conhaque ou rum escuro

24 bolachas champanhe

1 barra de chocolate meio amargo, para as raspas

1. Na batedeira, bata o creme de leite e o açúcar de confeiteiro até formar picos firmes. Adicione o mascarpone e bata para incorporá-lo, por cerca de 30 segundos. Raspe as laterais da tigela e retire da batedeira.

2. Misture o café e o conhaque em uma tigela pequena. No fundo de oito copos de martini ou copos largos e arredondados, assente duas bolachas champanhe quebradas, formando uma camada grossa. Com uma colher, regue as bolachas com a mistura de café, que devem ficar completamente encharcadas. Cubra com uma camada do creme, espalhando uniformemente com as costas de uma colher. Repita mais uma vez as camadas, encharcando as bolachas novamente com o restante do café.

3. Cubra as taças de tiramisu com um pouco de raspas de chocolate. Coloque na geladeira por pelo menos 15 minutos antes de servir. (A sobremesa pode ficar até quatro dias na geladeira, desde que protegida com filme plástico.)

OS CAMPEÕES DO BUFÊ DE ANO-NOVO

PERAS COZIDAS COM SORVETE DE BAUNILHA

{8 PORÇÕES}

Peras cozidas são uma sobremesa elegante em qualquer ocasião especial no outono. Elas são ideais para quando você recebe convidados, porque podem ser cozidas com até dois dias de antecedência e formam uma calda doce. Porém, o mais importante é que as peras são deliciosas: doces, mas não muito, com um formato que se encaixa lindamente em tigelinhas ou pratos de sobremesa.

Estas peras podem ser servidas em um bufê ou no mais formal dos jantares.

1 limão-siciliano, cortado ao meio
1 ½ xícara de açúcar
4 peras maduras, mas firmes, de preferência do tipo Bosc
2 canelas em pau
1 folha de louro
1 vagem de baunilha, cortada ao meio no sentido do comprimento
sorvete de baunilha para acompanhar (aproximadamente 1 litro)
framboesas frescas, para acompanhar

1. Em uma panela grande e alta adicione 5 xícaras de agua, um pouco de suco do limão e o açúcar. Leve ao fogo médio-alto, mexendo de vez em quando, até que o açúcar tenha dissolvido e o líquido adquira o aspecto de calda.

2. Enquanto isso, descasque as peras com cuidado, corte-as ao meio no sentido do comprimento e retire o miolo. Adicione-as à calda e acrescente a canela, o louro e a vagem de baunilha. Deixe em fogo baixo até que as peras estejam macias, cerca de 15–30 minutos dependendo se as peras estão mais ou menos maduras. Teste com uma faca afiada e considere que elas amolecem mais um pouco enquanto esfriam. Desligue o fogo e deixe as peras esfriarem na própria calda.

3. Sirva as peras mornas ou guarde-as em um recipiente hermético, completamente submersas na calda, por até dois dias. Coloque uma bola generosa de sorvete ao lado de cada pera e decore com algumas framboesas frescas. (Se alguma das peras não quiser parar com a parte cortada para cima, tire uma pequena fatia da parte mais carnuda, para ajudar a mantê-la no lugar.)

OS CAMPEÕES DO BUFÊ DE ANO-NOVO

PÉ-DE-MOLEQUE
CASEIRO COM FRUTAS

{10 A 12 PORÇÕES}

As pessoas não fazem pé-de-moleque em casa com frequência. Parece ser difícil, algo que só pode sair de uma máquina em uma fábrica e não produzido de modo artesanal. Mas fazer pé-de-moleque é, na verdade, muito fácil, e, como a maioria das coisas, fica mais gostoso quando é feito em casa. Este pé-de-moleque mistura frutas e nozes e vai além do amendoim, com mais camadas de sabor.

Você pode embalar os pedacinhos em papel-celofane e amarrar com uma fitinha para dar como lembrança para os seus convidados, ou servir no bufê em bandejas de doces durante a festa de Réveillon.

¼ xícara (60 g) de manteiga com sal e mais um pouco para untar

2 xícaras de açúcar

¼ xícara de glucose de milho clara

2 xícaras de nozes e frutas secas diversas (amendoim, amêndoas, cranberries secas, sementes de abóbora)

1. Forre uma assadeira com papel-manteiga e unte o papel.

2. Em uma panela média e de fundo grosso, misture o açúcar e ¼ xícara de água. Adicione a manteiga e a glucose de milho e prenda um termômetro para doces na borda da panela. Coloque em fogo médio-alto, mexendo uma ou duas vezes com uma espátula de silicone até ferver. Aumente um pouco o fogo e deixe ferver, até que o xarope fique marrom escuro e a temperatura no termômetro indique 180°C, cerca de 22 minutos depois. (Nos últimos minutos, observe atentamente o xarope; a temperatura aumenta muito rapidamente e, se passar de 180°C, o pé-de-moleque vai ficar com gosto de queimado.)

3. Retire a panela do fogo e, com cuidado, acrescente as nozes e frutas, mexendo com uma colher de pau ou espátula de silicone, sem deixar o caramelo espirrar. Cuidado: é muito quente.

4. Imediatamente, despeje a mistura na assadeira preparada, começando pelo centro e espalhando e nivelando rapidamente com a colher ou espátula de silicone. (Para um resultado mais bonito, não mexa na mistura depois que ela começar a firmar.) Deixe esfriar completamente, no mínimo 2 horas. Quebre o pé-de-moleque em pedaços ou corte em triângulos usando uma faca afiada. Guarde em um pote hermético.

OS CAMPEÕES DO BUFÊ DE ANO-NOVO

BISCOITOS MEIA-NOITE

{24 BISCOITOS}

Esta é uma adaptação da receita dos biscoitos em preto e branco, feita especialmente para o Ano-novo. Estes biscoitos funcionam bem como lembrancinha (embrulhados em papel-celofane) ou são a sobremesa perfeita para o jantar das crianças, mais cedo, antes que a festa dos adultos comece.

PARA OS BISCOITOS
4 xícaras de farinha de trigo
½ colher (chá) de bicarbonato de sódio
¼ colher (chá) de sal
1 xícara de manteiga sem sal, amolecida, e
mais um pouco para untar
1 ¾ xícara de açúcar
4 claras
¼ colher (chá) de extrato de baunilha
½ colher (chá) de extrato de limão
¾ xícara de leite integral

PARA A COBERTURA
4 xícaras de açúcar de confeiteiro
¼ xícara mais 2 colheres (sopa) de leite
3 colheres (sopa) de cacau em pó sem açúcar
120 g de pasta americana branca

1. Coloque a grade no centro do forno e preaqueça-o a 190°C.

2. Peneire a farinha, o bicarbonato e o sal em uma tigela média. Reserve.

3. Bata a manteiga e o açúcar em velocidade média-alta, até que fique um creme fofo e claro. Adicione as claras e bata para misturar. Acrescente os extratos e bata novamente. Coloque o leite e os ingredientes secos alternadamente, em 3 adições, mexendo depois de cada uma para incorporá-los.

4. Unte duas formas de biscoito com um pouco de manteiga. Coloque 3 colheres (sopa) da massa e deixe um espaço de 7,5–10 centímetros entre um biscoito e outro. Com uma espátula ou uma faca sem serra e molhada em água, espalhe a massa formando um círculo fino; deixe a superfície o mais lisa possível.

5. Asse os biscoitos até ficarem fofos e levemente dourados, de 8–10 minutos, virando as assadeiras no forno na metade do tempo. Retire e deixe esfriar em uma grade.

6. Enquanto isso, prepare a cobertura de chocolate. Em uma tigela pequena, misture o açúcar de confeiteiro, o leite e a baunilha, até formar um creme homegêneo. Acrescente o cacau. Com uma espátula ou faca sem serra, espalhe a cobertura sobre os biscoitos. Com a pasta americana, desenhe um relógio (os números 3, 6, 9 e 12 e os ponteiros marcando quase meia-noite). Deixe secar por pelo menos 30 minutos antes de servir. Os biscoitos podem ser servidos imediatamente ou guardados na geladeira, em um recipiente hermético, por até dois dias.

OS CAMPEÕES DO BUFÊ DE ANO-NOVO

BOLO DA SORTE
{UM BOLO REDONDO DE 23 CENTÍMETROS}

A véspera de Ano-novo pede uma sobremesa especial. Afinal de contas, é a última sobremesa que você vai comer no ano, ou a primeira do novo ano, se você servi-la depois da meia-noite. Este bolo tem duas ideias ao mesmo tempo: na parte de cima, há um relógio marcando meia-noite; nas bordas do bolo, há confete colorido feito de pasta americana e um desfile de elefantes cor-de-rosa usando chapeuzinhos e soprando línguas de sogra. (Na verdade, eu tirei a ideia para esta decoração de um ditado americano que diz que se você beber muito, vai ver elefantes cor-de-rosa, o que me parece apropriado para o Réveillon.) Para um bolo mais simples, tire os elefantes e siga o tema do relógio e do confete.

1 bolo redondo de 23 cm de sua preferência (pp. 302 a 308), com o recheio e cobertura de sua escolha (pp. 312 a 321)
680 g de pasta americana preta
cerca de 450 g de pasta americana branca
Creme de manteiga para decoração (p. 312) branco
cerca de 450 g de pasta americana rosa
120 g de pasta americana azul
120 g de pasta americana verde
120 g de pasta americana roxa

UTENSÍLIOS
vaporizador
carimbos de letras e números para confeitaria
faca bem afiada
cortador em formato de elefante
caneta d'água
3 canetinhas para decorar alimentos, de cores alegres e vibrantes
um saco de confeitar com um bico redondo médio

OS CAMPEÕES DO BUFÊ DE ANO-NOVO

1. Coloque sobre um prato giratório um papelão redondo, forrado com papel decorativo. Sobre o papelão, monte um bolo de duas camadas, com o recheio de sua escolha, e aplique uma camada fina de creme de manteiga (p. 297).

2. Cubra o bolo com a pasta americana preta e passe o alisador para fixá-la. Corte os excessos (p. 299).

3. Abra a pasta americana branca com 0,5 centímetro de espessura. Corte números de 1 a 12 (a). Aplique vapor sobre o bolo (b) e cole os números como um relógio, colocando o 3, o 6, o 9 e o 12 primeiro para que todos os números fiquem com o mesmo espaçamento (c). Aplique vapor novamente, para que os números fiquem brilhantes. Com o creme de manteiga branco no saco de confeiteiro, faça os ponteiros do relógio prestes a bater meia-noite, ou corte os ponteiros na pasta americana branca e fixe no bolo com a caneta d'água. (Se for usar a pasta americana, só aplique vapor depois de colar os ponteiros.)

4. Com o saco de confeitar, faça uma borda na base do bolo com o creme de manteiga (d). Abra 100 gramas da pasta americana rosa, da azul, da verde e da roxa em retângulos com 0,5 centímetro de espessura. Corte quadradinhos de 0,5 centímetro de lado usando uma faca bem afiada ou use um cortador quadrado de 2,5 centímetros e um cortador de pizza para dividir esse quadrado em quadradinhos menores (e). Distribua os quadradinhos ao redor da base do bolo, colando-os no creme de manteiga, para que pareçam confete (f).

5. Abra o restante da pasta americana cor-de-rosa com 3 milímetros de espessura e corte 6 elefantes com o cortador (g). Fixe os elefantes ao redor do bolo, usando a caneta d'água.

6. Faça os chapeuzinhos e as línguas de sogra (h):

   • Abra o restante da pasta americana branca com 0,5 centímetro de espessura.

   • Use o cortador quadrado de 2,5 centímetros para fazer 4 quadrados; então, corte cada quadrado em 3 triângulos com uma faca afiada. Você terá 12 triângulos.

   • Decore os chapeuzinhos e as línguas de sogra com as canetinhas.

7. Com a caneta d'água, cole dois triângulos em cada elefante: um como chapéu e um como língua de sogra.

8. Com a canetinha, faça um pontinho em cada elefante, para representar o olho (i).

APÊNDICE

APÊNDICE

DECORAÇÃO

Decorar bolos, cupcakes, biscoitos e tortas não é tão difícil quanto parece. Pode requerer um pouco de prática, mas se você seguir estas dicas, conseguirá fazer as sobremesas deste livro com sucesso.

Utensílios básicos para decorar bolos e cupcakes

Em geral, os bolos e cupcakes deste livro precisam ser recheados ou cobertos, então a habilidade mais importante que você precisa desenvolver para trabalhar com eles é usar o saco de confeitar e o prato giratório. A seguir, veja o que você precisa saber.

O prato giratório

Para fazer círculos uniformes e bem-acabados em um bolo, o prato giratório é uma necessidade. (Quando digo "bolo", estou falando de "bolos e cupcakes"). Quando você usa um prato giratório, a ideia é criar uma dinâmica semelhante a uma máquina: seu braço fica estável, o prato gira e a pressão constante que você aplica no saco de confeitar aplica uniformemente o creme ou a cobertura no bolo. Seu pulso pode virar ou sua mão pode se mover para baixo e para cima, para criar certos efeitos (não para os bolos deste livro), mas o seu braço deve estar sempre no mesmo lugar. Então, se você ainda não tem um ponto giratório, compre um bom, profissional e forte, que vai durar anos.

Antes de começar a trabalhar com o bolo no prato giratório, assente-o sobre um papelão forrado com papel decorativo (ou algum tipo de papel que possa entrar em contato com alimentos) do mesmo tamanho do bolo. Coloque bem no centro. (Se não estiver centrado, o resultado será um bolo torto.)

Você vai girar o prato no sentido horário ou anti-horário, embora, de modo geral, decoradores destros tenham a tendência de girar no sentido horário e decoradores canhotos, no sentido anti-horário.

Usando o saco de confeitar

Preencha até ⅔ do saco de confeitar com o recheio que vai usar, certificando-se de deixar o creme o mais para baixo possível para que ele possa sair pelo bico com pouca pressão.

A maneira certa de segurar o saco de confeitar é com uma mão, apoiando a parte mais cheia e pesada no antebraço e deixando o restante do saco sobre a parte superior do seu braço ou sobre o ombro, para dar apoio. Isto deixará uma mão livre para girar o prato ou realizar outras tarefas.

Para usar bem um saco de confeitar, tudo depende da pressão. De um modo geral, quando você usa o saco de confeitar, aplica pressão de duas maneira: pressão contínua, para fazer linhas compridas, rechear ou cobrir; ou pulsante, para fazer bordas e desenhar formas.

Há três técnicas de pressão usadas neste livro.

- Apertar e puxar: nesta técnica, você aperta o saco de confeitar e o puxa para cima no mesmo lugar, para depositar o conteúdo em um montinho ou uma gota. O exemplo clássico é usar o saco para formar as *Carolinas* (p. 251). Na decoração, usamos esta técnica para fazer pontos e bulbos em bolos e cupcakes, como no *Bolo em camadas com cobertura colorida* (p. 65).

293

FESTAS EM FAMÍLIA COM O CAKE BOSS

- **Pressão contínua**: esta técnica, que consiste em apertar o saco durante alguns segundos, é usada para fazer linhas ou círculos contínuos de cobertura ou creme, como a borda na base do *Bolo da sorte* (p. 289).

- **Pulsação**: esta técnica requer que você aperte e solte o saco ao mesmo tempo em que faz um movimento com o pulso ou com o bolo, por exemplo uma borda em formato de cordão de conchas (veja subtítulo) ao redor da base do bolo.

UMA OBSERVAÇÃO SOBRE SACOS DE CONFEITAR

De modo geral, você deve ter, no mínimo, um bico redondo (perlê) médio e um bico estrela aberta (pitanga aberta) médio. Para decorar os bolos mais elaborados deste livro, você vai precisar de bicos especiais. Algumas receitas pedem bicos intercambiáveis, que são especiais para criar determinados efeitos, como grama ou textura de cesta de vime. Eles são presos no saco de confeitar por um adaptador, que funciona como um "atracadouro" para os bicos. Além dos efeitos que criam, eles também são convenientes: se você precisar criar vários efeitos com a mesma cor de cobertura, não precisa encher vários sacos de confeitar, basta mudar o bico. Se a receita não pedir por um bico "intercambiável", você pode simplesmente colocar o bico desejado diretamente no saco antes de enchê-lo com o creme da cobertura.

Borda em forma de cordão de conchas
Uma borda em forma de cordão de conchas pode ser feita com vários bicos regulares ou intercambiáveis e em qualquer tamanho ou formato. Para fazer um cordão de conchas (como o da p. 115), posicione o bico na base do bolo. Aperte o saco de confeitar e solte (diminua a pressão), ao mesmo tempo em que gira o prato devagar. Dê uma volta completa, até chegar ao ponto de início.

Preparando bolos para decorar
Minhas receitas básicas de bolo começam na p. 301 e os recheios e coberturas básicos se encontram a partir da p. 311.

Aparando e cortando o bolo
Independentemente de trabalhar com creme ou pasta americana (pp. 296–299), o primeiro passo para decorar um bolo é apará-lo e cortá-lo. Use uma faca de serra para remover a crosta superior do bolo, mais escura, e deixar o topo bem reto e nivelado. Se você precisar cortar o bolo ao meio, horizontalmente, para rechear, primeiro coloque-o no prato giratório ou em uma superfície de trabalho. Ajoelhe-se ou se curve para que o bolo fique no mesmo nível dos seus olhos e você possa vê-lo bem de frente. Mantenha o olhar fixo no ponto em que a faca entra no bolo. Enquanto você aplica pressão na faca, com a mão livre gire o prato contra a faca, mantendo-a reta para obter um corte perfeito e uniforme. Se você for rechear o bolo, tente fazer com que as camadas fiquem retas, aparando se for necessário para deixá-las niveladas depois de o bolo montado.

Recheando e cobrindo bolos
Eu gosto de usar o saco de confeitar para rechear bolos, porque diminui o trabalho de espalhar o recheio e a cobertura. E, se você estiver usando

APÊNDICE

um creme espesso como recheio, usar a espátula para cobrir o bolo pode fazê-lo rachar.

Congelando bolos

Eu gosto de trabalhar com bolos congelados por dois motivos. Primeiro, porque é mais fácil para nivelá-lo (tirar a crosta de cima) e, segundo, porque ele fica mais firme, mais fácil de cortar ao meio, cobrir e decorar. Congelar um bolo recém--assado e resfriado também ajuda a reter dentro dele a umidade, ao passo que, na geladeira, ele pode ressecar. Os bolos devem ser congelados por 1–2 horas para adquirirem uma textura boa para cortar. Você pode congelá-los por mais tempo, mas eles vão ficar muito duros e devem descongelar um pouco antes de cortá-los. Não tente cortar um bolo que está duro como uma pedra, porque a faca pode deslizar, o que é muito perigoso.

Recheando bolos

Para rechear um bolo usando o saco de confeiteiro, use o bico redondo grande. Coloque a primeira camada do bolo sobre o prato giratório. Usando pressão contínua (p. 294), aplique o recheio em círculos concêntricos, parando e levantando o saco de confeitar sempre que completar um círculo. Depois que a primeira camada estiver totalmente preenchida com os círculos, use uma espátula de decorar bolo (veja subtítulo) para alisar e nivelar o recheio. Com cuidado, ponha a outra camada de bolo em cima, apertando delicadamente para garantir que fique nivelado. Então, coloque a próxima camada de recheio da mesma maneira.

O equilíbrio entre sabores e texturas varia de bolo para bolo e depende do tipo de recheio que você escolher. Embora sempre haja espaço para interpretações e gostos pessoais, eu acho a *Ganache de chocolate* (p. 319), o *Creme de manteiga italiano* (p. 315), *a Cobertura de baunilha*

(p. 313), a *Cobertura de chocolate* (p. 314) e a *Cobertura de cream cheese* (p. 317) relativamente densas e ricas; então, a melhor proporção entre recheio e bolo é 1:2, ou seja, a camada de recheio deve ter aproximadamente a metade da altura de uma camada de bolo. Por outro lado, o *Creme italiano à base de ovos* (p. 316), o *Chantili italiano* (p. 321), o *Creme "cauda de lagosta"* (p. 320) e a *Mousse de chocolate do meu pai* (p. 318) são relativamente aerados, então, a proporção ideal de recheio para bolo é 1:1, ou seja, a camada de recheio deve ser da mesma altura de uma camada de bolo.

Cobrindo bolos com coberturas cremosas

Antes de cobrir o bolo, verifique se as camadas estão retas, niveladas, alinhadas e se o bolo está bem no centro do prato giratório. Se necessário, apare as camadas ou use um pouco mais de recheio para igualá-las.

Coloque a cobertura em um saco de confeitar com bico redondo médio ou estrela aberta média. Você pode usar qualquer um dos dois bicos para cobrir o bolo. O bico de estrela dará um efeito um pouco encorpado. Para aplicar a primeira camada de cobertura usando o *Creme de manteiga para decoração*, como descrito na p. 297, o bico redondo é a escolha mais lógica.

Girando o prato, aplique pressão contínua no saco de confeitar e faça círculos concêntricos na parte de cima do bolo, parando e levantando o saco de confeitar sempre que terminar um círculo. Em seguida, sempre girando o prato, aplique a cobertura ao redor do bolo, começando por cima e terminando na base.

Use a espátula de decoração para alisar os círculos da parte de cima do bolo. Segure a espátula paralela à superfície do bolo, gire o prato e, devagar, abaixe a espátula até tocar o bolo. Para alisar as laterais, deixe a espátula

FESTAS EM FAMÍLIA COM O CAKE BOSS

perpendicular ao bolo, gire o prato e, devagar, encoste a espátula no bolo. Para um efeito "serrilhado", como o do *Bolo da bandeira norte-americana* (p. 181), use um pente para decoração (veja subtítulo).

Para terminar, segure a espátula paralela ao topo do bolo mais uma vez, gire o prato e abaixe a espátula devagar para nivelar a parte de cima novamente e deixar o bolo pronto para ser decorado.

Espátula para decoração
Para rechear e cobrir bolos, use uma espátula de 20 centímetros. Alguns livros recomendam uma espátula com dobra (com ângulo), mas eu acho que a espátula reta dá uma sensação maior de controle.

Pente de decoração
O pente de decoração, chamado também de triângulo, pode ser usado para fazer um efeito de sulcos na lateral do bolo. Segure o lado serrilhado do pente rente à lateral do bolo, encoste a base do pente no prato giratório e gire o prato.

Decorando com pasta americana
Vários bolos e alguns cupcakes e biscoitos deste livro são cobertos com pasta americana ou decorados com elementos feitos com essa pasta. A pasta americana é uma massa de açúcar que pode ser comprada em diferentes cores e que usamos às toneladas na Carlo's Bake Shop, porque ela cria uma superfície lisa e bonita nos bolos; ela também serve para moldar as figuras – números, objetos, animais – que vão na parte de cima ou nas laterais dos bolos. Muitas pessoas pensam que é difícil trabalhar com pasta americana, mas, de muitas maneiras, é mais fácil lidar com ela do que com a cobertura e o creme de manteiga: você não precisa prepará-la, pode

conservá-la em temperatura ambiente e pode simplesmente cortá-la para criar desenhos.

Para escolher que cores comprar, decida o bolo que quer fazer ou que provavelmente fará e use as fotos das receitas para determinar a cor que mais se aproxima. Em alguns casos, é preciso misturar duas ou mais cores para criar uma cor específica para um bolo.

Utensílios para decorar com pasta americana
Um bom conjunto de utensílios para trabalhar com pasta americana inclui:

- **Rolo de plástico ou um rolo do tipo do de macarrão:** para abrir a massa o mais uniformemente possível.

- **Caneta d'água:** equipamento profissional que permite que você aplique água, que age como cola para a pasta americana. Se não tiver uma, você pode usar um pincel – exceto quando estiver trabalhando com peças muito pequenas.

- **Cortador de pasta americana (cortador de pizza) e uma faca ou estilete bem afiado:** para aparar os excessos da pasta americana e recortar formas.

- **Alisador:** este utensílio tem formato de um ferro de passar roupa e serve para alisar a superfície de bolos cobertos com pasta americana.

- **Régua:** para precisão.

- **Pincel:** para aplicar corante em pó e outros ingredientes ou elementos à pasta americana.

- **Vaporizador:** para dar acabamento, você pode aplicar vapor à pasta americana, que evapora

APÊNDICE

o amido (ou o açúcar de confeiteiro) e dá um aspecto liso e brilhante. Você pode usar um vaporizador para roupas ou até mesmo um ferro a vapor de viagem barato. Passe o vaporizador de 2,5 a 5 centímetros acima do bolo, agitando com cuidado para distribuir o vapor até que a pasta brilhe um pouco por causa da umidade. Deixe a pasta americana secar naturalmente, o que leva apenas alguns segundos. Cuidado para o vaporizador não gotejar ou espirrar água sobre o bolo.

ARMAZENANDO A PASTA AMERICANA

Mantenha a pasta americana na própria embalagem, em temperatura ambiente, até o momento de usá-la. Depois de retirar a quantidade que planeja usar, guarde o restante (se houver) dentro da embalagem original em um saco plástico bem fechado, e em temperatura ambiente.

Trabalhando com a pasta americana

- Lave a superfície de trabalho. A pasta americana é como um ímã para tudo – farelo, sujeira... qualquer coisa que esteja na superfície de trabalho vai ficar incrustado na pasta. E mesmo que você consiga retirar essas partículas, elas vão deixar pequenas marcas de sujeira, que não é possível limpar. Então, antes de começar, limpe a superfície, passe um pano molhado e seque completamente.

- Antes de começar a trabalhar com a pasta, sove-a por 1 minuto para amolecê-la e ativar as gomas.

Cobrindo um bolo com a pasta americana

Cubra primeiro com creme de manteiga
Cobrir o bolo com uma fina camada de creme de manteiga o prepara para receber a pasta americana. É como aplicar a massa antes de pintar uma parede. Use o *Creme de manteiga para decoração* (p. 312), que ajuda a pasta americana a grudar no bolo. Esta camada não precisa ficar perfeita: o mais importante é que ela cubra o bolo inteiro.

Para fazer esta primeira camada, siga as instruções do item "Cobrindo bolos com coberturas cremosas", da p. 295. Em seguida, use um pedaço de cartolina para finalizar o trabalho (veja o item "Cobrindo o bolo com o auxílio de uma cartolina", p. 298), encostando no bolo o quanto possível.

Depois de aplicar a primeira camada, coloque o bolo na geladeira até que o creme de manteiga endureça, de 30–60 minutos.

ECONOMIZANDO SACOS DE CONFEITAR

Muitos dos bolos temáticos deste livro usam o creme de manteiga branco (sem adição de corante), tanto na primeira camada quanto para fazer elementos da decoração. Para não precisar de dois sacos de confeiteiro – um sem bico de confeitar e outro com o bico –, use um adaptador. Para fazer a primeira camada, use o saco somente com o adaptador, sem o bico. Em seguida, insira no adaptador o bico pedido na receita. Esta orientação foi dada nas receitas em que ela é necessária.

FESTAS EM FAMÍLIA COM O CAKE BOSS

Cobrindo o bolo com o auxílio de uma cartolina

Se você não tem uma espátula em mãos, ainda assim pode fazer um bom trabalho, usando uma cartolina. Na verdade, quando você aplica a primeira camada de creme antes de cobrir o bolo com a pasta americana, é essencial finalizar o trabalho com uma cartolina. Para fazer isso, corte um pedaço cartolina de 10 x 7,5 centímetros com uma tesoura bem afiada. Gire o prato enquanto segura a cartolina bem rente à lateral do bolo. Em seguida, é hora de voltar sua atenção para a parte de cima. Faça um movimento como se fosse "pentear" o bolo, da borda para o centro, como se fossem pinceladas, inicialmente até o meio e depois por toda a extensão. Os decoradores profissionais realmente preferem esta técnica porque ela deixa as mãos mais próximas do bolo, dando maior controle do que com a espátula. Entretanto, decoradores menos experientes podem ter mais sucesso cobrindo o bolo em duas etapas: primeiro usando uma espátula e depois finalizando com a cartolina.

Abra a pasta americana

Este é um passo muito importante, que requer que você abra a massa o mais fina, lisa e uniformemente possível. Na Carlo's Bake Shop, nós usamos um cilindro industrial, mas você pode conseguir o mesmo efeito em casa com atenção e um pouco de prática:

- Polvilhe a superfície de trabalho com amido de milho ou açúcar de confeiteiro. Outra opção é usar farinha de trigo, mas o amido é mais liso e mais leve, o que torna mais fácil retirá-lo da superfície do bolo com um pincel ou com vapor no final.

- Retire da embalagem a quantidade de pasta americana necessária. Para cobrir um bolo recheado de 23 centímetros – como a maioria dos bolos deste livro – comece com 680 gramas.

- Sove a pasta americana por 1 minuto, para ativar as gomas e torná-la elástica. Se o tempo estiver frio, lave as mãos em água quente antes de começar – mãos quentes fazem o trabalho andar mais rápido. Apenas certifique-se de enxugar bem as mãos antes de começar a sovar.

- Polvilhe a superfície de trabalho com mais amido sempre que necessário. Isso impede que a pasta americana grude.

- Achate a bola de pasta com a palma da mão. Em seguida, use o rolo (de preferência um de plástico polietileno ou um rolo maciço, com cabos, do tipo dos que se usa para macarrão). Comece a abrir a massa com força, usando o antebraço sobre o rolo para colocar o peso do corpo sobre ele. Levante frequentemente a pasta para evitar que ela grude na superfície; o amido ajuda, mas em excesso pode ressecar a pasta. O calor das mãos também ajuda. Habitue-se a esfregar a pasta constantemente, para evitar que ela resseque.

- Depois de abrir a pasta e deixá-la com 45 centímetros de comprimento, levante-a e gire-a, para que entre ar por baixo dela e para aproveitar todo o amido que está na superfície de trabalho. Então, abra a pasta no outro sentido. Quando a pasta estiver com um formato circular, varie o ângulo em que passa o rolo, primeiro em uma direção e depois em outra. Continue fazendo assim até que tenha aberto um círculo quase perfeito, com 0,5 centímetro de espessura ou mais fino, se você conseguir. Quanto mais você girar a pasta, mais fina e mais uniforme ela ficará no final.

APÊNDICE

- Verifique se ficaram bolhas e estoure-as com uma esteca de ponta ou com um palito de dente. Em seguida, alise a pasta com a mão ou com um alisador.

Coloque a pasta americana no bolo

- Ponha o rolo na borda do círculo mais distante de você e enrole vindo na sua direção, como um carretel, gentilmente espanando o excesso de amido. Leve o rolo para cima do bolo e vá desenrolando a pasta, afastando-a de você e abaixando o rolo devagar quando chegar no fim do bolo. A pasta deve cair como uma cortina pelas laterais do bolo.

- Com um alisador, nivele a parte de cima. Então, puxe e pressione gentilmente a pasta nas laterais, esticando-a em toda a volta.

- Passe a mão delicadamente sobre a pasta para alisá-la, esticando e puxando na parte de cima do bolo e nas laterais. Use os dedos para se certificar de que a pasta esteja uniformemente aplicada. Com um cortador de pizza ou um faca bem afiada, como uma de descascar vegetais, apare o excesso da pasta americana ao redor da base do bolo. Erga o disco de massa excedente e tire-o por cima do bolo. Forme uma bola com o excesso de pasta e retorne-a à embalagem original, para ser usada novamente.

- Coloque o bolo em um prato giratório e use o alisador para alisar a pasta na parte de cima e nas laterais. Observe bem o bolo; se você encontrar algum ponto ressecado (com aspecto seco e rachado), esfregue um pouquinho de gordura vegetal e passe o alisador.

Agora o bolo está pronto para ser decorado.

OBSERVAÇÕES SOBRE BOLOS COM PASTA AMERICANA

A escolha das massas e dos recheios para os bolos deste livro é totalmente sua. A maioria fica melhor com a massa de baunilha ou de chocolate, mas você pode tentar com outras massas, como o Bolo red velvet (p. 308) ou o Bolo de cenoura (p. 306). Há uma lista de ingredientes, utensílios e equipamentos incluídos em cada receita de bolo coberto com pasta americana. Mas, alguns itens que você vai usar na maior parte das receitas:

- Amido de milho ou açúcar de confeiteiro para polvilhar a superfície de trabalho quando você estiver abrindo a pasta americana (p. 298); caso contrário, estará indicado na receita.

- Prato giratório.

- Espátula de cobrir bolo.

- Círculo de papelão forrado com papel decorativo.

RECEITAS DE BOLOS BÁSICOS

A seguir estão as receitas mais populares da Carlo's Bake Shop. Como a maior parte dos bolos deste livro tem 23 centímetros, as receitas rendem dois bolos desse tamanho; elas também pode ser usadas para fazer dois bolos em formato de coração, um bolo retangular de 23 x 33 centímetros, ou dois bolos em forma redonda com buraco no meio (com 20 centímetros de diâmetro e 7,5 centímetros de altura).

Observe que as temperaturas dos fornos podem ser diferentes, então verifique se o bolo está pronto e não considere apenas o tempo indicado na receita; dependendo da altitude, das condições do clima e de outros fatores, o tempo para assar um bolo varia. A menos que esteja indicado de outra forma na receita, deixe todos os ingredientes em temperatura ambiente.

Muitas destas receitas apresentam também o rendimento em cupcakes. Asse os cupcakes a 180°C para evitar que eles cresçam mais no meio do que nos lados.

FESTAS EM FAMÍLIA COM O CAKE BOSS

BOLO DE BAUNILHA

{DOIS BOLOS DE 23 CENTÍMETROS OU 24 CUPCAKES}

Esta receita de bolo de baunilha, adaptada da que usamos na Carlo's
Bake Shop, é um escolha boa e segura para a maior parte dos bolos recheados. O creme à base de ovos
é opcional, mas deixa o bolo realmente úmido e ajuda a impedir que ele seque.

2 ½ xícaras de farinha para bolo* e mais um
    pouco para polvilhar as formas
2 xícaras de açúcar e mais um pouco para
    desenformar os bolos
2 xícaras do *Creme italiano à base de ovos*
    (p. 316) (opcional)
¾ xícara de óleo vegetal
2 ¼ colher (chá) de fermento químico em pó
1 colher (chá) de extrato de baunilha
½ colher (chá) de sal marinho moído fino
4 ovos
1 xícara de leite
manteiga sem sal (cerca de 2 colheres de
    sopa) para untar as formas (pode ser
    substituída por óleo vegetal)

** Para fazer a farinha para bolo, meça uma xícara
de farinha de trigo comum, retire 2 colheres (sopa)
e acrescente 2 colheres (sopa) de amido de milho.
Peneire várias vezes para misturar e aerar. (N. T.)*

1. Coloque a grade no centro do forno e
preaqueça-o a 180°C.

2. Coloque a farinha, o açúcar, o creme à base
de ovos (se for usar), o óleo, o fermento, a
baunilha e o sal na tigela da batedeira. Use
o batedor de pá; se não tiver, use o batedor
comum, mas tome cuidado para não misturar
demais. Bata em velocidade baixa por alguns
segundos, até misturar todos os ingredientes;
então, aumente a velocidade para média-
-baixa e bata por mais 1 minuto, até que
fique uma mistura homogênea.

3. Com a batedeira ligada, adicione um ovo de
cada vez, adicionando o seguinte depois que
o primeiro tenha sido absorvido. Desligue
a batedeira de vez em quando para raspar
o fundo da tigela e incorporar todos os
ingredientes. Volte a bater em velocidade
média-baixa.

4. Depois de adicionar todos os ovos, bata mais
1 minuto para se assegurar que eles ficaram
bem incorporados. Isso também garante que
o açúcar seja dissolvido e que toda a farinha
tenha sido bem misturada, o que dá uma
sensação prazerosa quando o produto final
for provado.

APÊNDICE

5. Com a batedeira ligada em velocidade baixa, adicione o leite, ½ xícara de cada vez. Desligue a batedeira para raspar o fundo e as laterais da tigela entre as duas adições. Bata mais 1 minuto ou até que a massa fique homogênea. Antes de assar, verifique se a temperatura da massa está entre 21°C e 23°C, ou o bolo vai crescer demais. Teste colocando um termômetro culinário no meio da massa; se estiver muito quente, coloque a massa na geladeira por alguns minutos; se estiver muito fria, deixe-a em temperatura ambiente.

6. Unte duas formas de 23 centímetros e 5 centímetros de altura e polvilhe-as com farinha. (Para mais informações, veja "Como polvilhar farinha em uma forma", adiante.)

7. Divida a massa igualmente entre as duas formas, usando uma espátula de silicone para raspar a tigela e aproveitar toda a massa possível.

8. Leve ao forno e asse por 25–30 minutos, até que os bolos comecem a se soltar da forma e estejam firmes, mas elásticos, quando tocados.

9. Retire os bolos do forno e deixe esfriar por pelo menos 30 minutos, de preferência 1 hora. Os bolos devem estar em temperatura ambiente quando forem desenformados.

10. Forre uma assadeira de biscoito com uma folha de papel-manteiga, polvilhe açúcar e desenforme os bolos sobre o açúcar. Isso impede que os bolos grudem. Coloque-os na geladeira ou no freezer (p. 295) até a hora de decorá-los.

Como polvilhar farinha em uma forma

Para preparar a forma para assar o bolo, primeiro unte-a por inteiro com uma camada fina e uniforme de manteiga sem sal ou óleo vegetal. Coloque um punhado de farinha (cerca de ¼ de xícara) no centro da forma, incline a forma e gire-a para cobrir toda a parte de dentro. Bata a forma delicadamente na superfície de trabalho, para soltar o excesso de farinha, que pode ser devolvido ao pote. Bata novamente e descarte na pia ou no lixo o excesso que ainda houver.

FESTAS EM FAMÍLIA COM O CAKE BOSS

BOLO DE CHOCOLATE

{DOIS BOLOS DE 23 CENTÍMETROS OU 24 CUPCAKES}

Como o de bolo de baunilha, este é uma das escolhas mais seguras. Mas isso não quer dizer que não seja delicioso. Para o melhor sabor e textura, use cacau de boa qualidade.

1 ½ xícara de farinha para bolo* e mais um pouco para polvilhar as formas

1 ½ xícara de açúcar e mais um pouco para desenformar os bolos

½ xícara de manteiga sem sal, amolecida em temperatura ambiente

⅓ xícara de cacau em pó belga sem açúcar

1 colher (chá) de bicarbonato de sódio

¼ colher (chá) de fermento químico em pó

⅓ xícara de chocolate amargo derretido

½ xícara de água quente

2 ovos

½ xícara de leitelho**

manteiga sem sal (cerca de 2 colheres de sopa) ou óleo vegetal para untar as formas

Para fazer a farinha para bolo, meça uma xícara de farinha de trigo comum, retire 2 colheres (sopa) e acrescente 2 colheres (sopa) de amido de milho. Peneire várias vezes para misturar e aerar. (N. T.)

**Há várias receitas de leitelho caseiro. Uma das mais simples é colocar 1 colher (sopa) de suco de limão ou de vinagre branco em uma xícara e completá-la com leite. Aguarde pelo menos 10 minutos antes de usar. Faça a quantidade pedida na receita. (N. T.)*

1. Coloque a grade no centro do forno e preaqueça-o a 180°C.

2. Coloque a farinha, o açúcar, ½ xícara de manteiga, o cacau, o bicarbonato e o fermento na tigela da batedeira. Use o batedor de pá; se não tiver, use o batedor comum, mas tome cuidado para não bater demais. Bata em velocidade baixa por alguns segundos, até misturar todos os ingredientes; então, aumente a velocidade para média--baixa e continue a bater por mais 1 minuto, até que a mistura fique homogênea.

3. Desligue a batedeira e acrescente o chocolate derretido. Bata em velocidade baixa por 1 minuto. Com a batedeira ligada, acrescente a água quente. Adicione os ovos, um de cada vez, só adicionando o seguinte depois que o anterior tenha sido totalmente absorvido. Ainda com a batedeira ligada, despeje o leitelho. Desligue de vez em quando para raspar o fundo da tigela e incorporar todos os ingredientes. Volte a bater em velocidade média-baixa por mais 1 minuto, para garantir que os ovos sejam

304

APÊNDICE

totalmente absorvidos. Isso também garante que o açúcar seja dissolvido e que toda a farinha seja bem misturada, o que dá uma sensação prazerosa quando o produto final for provado. Antes de assar, verifique se a temperatura da massa está entre 21°C e 23°C, ou o bolo vai crescer demais no centro. Teste colocando um termômetro culinário no meio da massa; se estiver muito quente, coloque a massa na geladeira por alguns minutos; se estiver muito fria, deixe-a em temperatura ambiente.

4. Unte duas formas de 23 centímetros e 5 centímetros de altura e polvilhe-as com farinha. (Para mais informações, veja "Como polvilhar farinha em uma forma", p. 303.)

5. Divida a massa igualmente entre as duas formas, usando uma espátula de silicone para raspar a tigela e aproveitar toda a massa possível.

6. Asse por 25–30 minutos, até que os bolos comecem a se soltar da forma e estejam elásticos quando tocados.

7. Retire os bolos do forno e deixe esfriar por pelo menos 30 minutos, de preferência 1 hora. Os bolos devem estar em tempera-tura ambiente quando forem desenformados. Coloque uma folha de papel-manteiga em uma assadeira de biscoito, polvilhe açúcar e desenforme cada um dos bolos sobre o açúcar. Isso impede que os bolos grudem. Coloque na geladeira ou no freezer (p. 295) até a hora de decorá-los.

BOLO DE CENOURA

{DOIS BOLOS DE 23 CENTÍMETROS OU 24 CUPACKES)

Este é um bolo de cenoura americano clássico – denso e úmido –, com passas e nozes para adoçar e deixar crocante. Ele não casa muito bem com diversas coberturas, mas quando combinado com a *Cobertura de cream cheese* (p. 317), beira à perfeição.

3 xícaras de cenouras raladas finas (5 cenouras grandes)

2 ½ xícaras de farinha para bolo* e mais um pouco para polvilhar as formas

2 xícaras de açúcar e mais um pouco para desenformar os bolos

2 xícaras de *Creme italiano à base de ovos* (p. 316) (opcional)

¾ xícara de óleo vegetal

2 ¼ colheres (chá) de fermento químico em pó

2 colheres (chá) de canela em pó

1 colher (chá) de bicarbonato de sódio

1 colher (chá) de extrato de baunilha

½ colher (chá) de sal marinho moído fino

4 ovos

1 xícara de leite

½ xícara de nozes picadas

¼ xícara de passas claras

aproximadamente 2 colheres (sopa) de manteiga sem sal ou óleo vegetal, para untar as formas

* Para fazer a farinha para bolo, meça uma xícara de farinha de trigo comum, retire 2 colheres (sopa) e acrescente 2 colheres (sopa) de amido de milho. Peneire várias vezes para misturar e aerar. (N. T.)

1. Coloque a grade no centro do forno e preaqueça-o a 180°C.

2. Coloque a cenoura, a farinha, o açúcar, o creme à base de ovos (se for usar), o óleo, o fermento, a canela, o bicarbonato, a baunilha e o sal na tigela da batedeira. Use o batedor de pá; se não tiver, use o batedor comum. Bata em velocidade baixa por alguns segundos, até que todos os ingredientes estejam misturados; então, aumente a velocidade para média-baixa e continue batendo por mais 1 minuto, para a mistura ficar homogênea.

3. Com a batedeira ligada, coloque os ovos, um de cada vez, adicionando o seguinte depois que o anterior já tenha sido absorvido. Desligue a batedeira de vez em quando para raspar o fundo da tigela com uma espátula e incorporar todos os ingredientes. Volte a bater em velocidade média-baixa.

4. Bata por mais 1 minuto para garantir que os ovos sejam totalmente absorvidos. Isso também garante que o açúcar seja dissolvido e que toda a farinha tenha sido bem misturada, o que dá uma sensação prazerosa quando o produto final for provado.

APÊNDICE

5. Com a batedeira ligada, acrescente o leite, ½ xícara de cada vez. Desligue a batedeira e raspe o fundo da tigela entre as duas adições. Bata por mais 1 minuto ou até que a massa fique homogênea. Adicione as nozes e as passas e bata apenas o suficiente para misturá-las.

6. Unte com manteiga duas formas de bolo de 23 centímetros e polvilhe-as com farinha. (Para mais informações, veja "Como polvilhar farinha em uma forma", p. 303.)

7. Divida a massa igualmente entre as duas formas, usando uma espátula de silicone para raspar a tigela e aproveitar toda a massa possível. Antes de assar, verifique se a temperatura da massa está entre 21°C e 23°C, ou os bolos vão crescer demais. Teste colocando um termômetro culinário no meio da massa; se estiver muito quente, coloque a massa na geladeira por algns minutos; se estiver muito fria, deixe a massa em temperatura ambiente.

8. Asse por 25–30 minutos, até que os bolos comecem a se soltar da forma e estejam firmes, mas elásticos, quando tocados.

9. Retire os bolos do forno e deixe esfriar por pelo menos 30 minutos, de preferência 1 hora. Os bolos devem estar em temperatura ambiente quando forem desenformados.

10. Coloque uma folha de papel-manteiga em uma assadeira de biscoito, polvilhe com açúcar e desenforme os bolos sobre o açúcar. Ele impede que os bolos grudem. Coloque na geladeira ou no freezer (p. 295) até a hora de decorá-los.

Observação: *As cenouras têm muita umidade, então retire o excesso de líquido ralando-as, colocando-as em um escorredor e pressionando-as com um papel-toalha. Isso vai impedir que a massa fique muito úmida ou muito fofa.*

FESTAS EM FAMÍLIA COM O CAKE BOSS

BOLO *RED VELVET*

{DOIS BOLOS DE 23 CENTÍMETROS OU 24 CUPCAKES}

Este bolo é um clássico do sul dos Estados Unidos, pelo qual eu me apaixonei quando ele se tornou nacionalmente popular, nas duas últimas décadas. Assim como o *Bolo de cenoura* (p. 306), ele fica ainda melhor com a *Cobertura de cream cheese* (p. 317).

1 ¼ xícara de gordura vegetal hidrogenada

2 xícaras de açúcar e mais um pouco para polvilhar o papel-manteiga

1 colher (sopa) de cacau em pó belga sem açúcar

4 ½ colheres (chá) de corante em gel vermelho

3 xícaras de farinha para bolo* e mais um pouco para polvilhar as formas

1 ¼ colher (chá) de sal marinho moído fino

1 ¼ colher (chá) de extrato de baunilha

1 ¼ colher (chá) de bicarbonato de sódio

1 ¼ colher (chá) de vinagre branco

3 ovos

1 ¼ xícara de leitelho**

manteiga sem sal (cerca de 2 colheres de sopa) ou óleo vegetal, para untar as formas

* Para fazer a farinha para bolo, meça uma xícara de farinha de trigo comum, retire 2 colheres (sopa) e acrescente 2 colheres (sopa) de amido de milho. Peneire várias vezes para misturar e aerar. (N. T.)
** Há várias receitas de leitelho caseiro. Uma das mais simples é colocar 1 colher (sopa) de suco de limão ou de vinagre branco em uma xícara e completá-la com leite. Aguarde 10 minutos pelo menos antes de usar. Faça a quantidade pedida na receita. (N. T.)

1. Coloque a grade no centro do forno e preaqueça-o a 180°C.

2. Coloque na batedeira a gordura, o açúcar, o cacau, o corante, a farinha, o sal, a baunilha, o bicarbonato e o vinagre. Use o batedor de pá; se for usar uma batedeira comum, deixe a gordura amolecer em temperatura ambiente antes de começar. Bata por 1 minuto, começando em velocidade baixa e depois aumentando para média-baixa. Adicione os ovos, um de cada vez, batendo a massa por 1 minuto após cada adição, para que o ovo seja completamente incorporado.

3. Unte com manteiga duas formas de bolo de 23 centímetros e 5 centímetros de altura e polvilhe-a com farinha. (Para mais informações, veja "Como polvilhar farinha em uma forma", p. 303.)

4. Divida a massa igualmente entre as duas formas, usando uma espátula de silicone para raspar a tigela e aproveitar toda a massa possível.

5. Asse por 35–40 minutos, até que os bolos comecem a se soltar da forma e estejam elásticos quando tocados.

6. Retire os bolos do forno e deixe esfriar por pelo menos 30 minutos, de preferência 1 hora. Os bolos devem estar em temperatura ambiente quando forem desenformados.

7. Coloque uma folha de papel-manteiga em uma assadeira de biscoito, polvilhe com açúcar e desenforme os bolos sobre o açúcar. Ele impede que os bolos grudem. Coloque na geladeira ou no freezer (p. 295) até a hora de decorá-los.

308

COBERTURAS E RECHEIOS

As receitas a seguir são das coberturas e dos recheios de bolo mais pedidos na Carlo's Bake Shop. Elas podem se tornar suas receitas preferidas, aquelas que você faz sempre que quer assar um bolo. Nada me faria mais feliz.

FESTAS EM FAMÍLIA COM O CAKE BOSS

CREME DE MANTEIGA PARA DECORAÇÃO

{CERCA DE 6 XÍCARAS}

Esta é a minha receita de creme de manteiga, que pode ser tingida de várias cores. Para o creme de manteiga branco, ou para aplicar a primeira camada antes de cobrir o bolo com a pasta americana (p. 297), você não precisa adicionar nenhum corante.

Esta receita pode ser multiplicada ou dividida para produzir a quantidade desejada. O que sobrar do creme de manteiga pode ser guardado na geladeira por até duas semanas, dentro do próprio saco de confeitar ou em outro recipiente.

7 ½ xícaras de açúcar de confeiteiro
2 ¼ xícaras de gordura vegetal hidrogenada
½ xícara de manteiga sem sal
1 ½ colher (sopa) de extrato de baunilha
¼ xícara mais 2 colheres (sopa) de água fria

1. Coloque o açúcar, a gordura, a manteiga e a baunilha na tigela da batedeira e bata com o batedor de pá, em velocidade média-baixa, até que a mistura fique homogênea e sem caroços, por cerca de 3 minutos.

2. Com a batedeira ligada, adicione a água em fio fino e continue batendo por mais 3 minutos, até que ela seja completamente absorvida. O creme de manteiga pode ser guardado na geladeira, em um recipiente hermético, por até duas semanas.

De quanto creme vou precisar?
As quantidades do creme de manteiga estão indicadas na lista de ingredientes de cada receita deste livro, mas não se preocupe se usar um pouco mais ou um pouco menos do que o pedido. Como regra geral, para a primeira camada aplicada antes da pasta americana são necessárias 4 xícaras de creme; então, se fizer uma receita sobram 2 xícaras para usar (e colorir conforme necessário) em outras finalidades, como criar elementos de decoração ou colar recortes de pasta americana ao bolo. Se for colocar o creme, aplique a primeira camada antes. Assim, você pode aproveitar o excesso que raspar do bolo juntando ao restante da cobertura que será trabalhada na decoração.

Fazendo creme de manteiga de cores diferentes
Para tingir o creme de manteiga, misture o corante com uma espátula, até que o creme esteja com a cor uniforme. As quantidades variam e dependem da marca do corante e do tom, mais claro ou mais escuro, que você deseja. Eu recomendo o corante em gel, disponível em tubinhos, porque eles são menos aguados e mais fáceis de trabalhar. Comece com uma quantidade pequena e adicione mais à medida que mistura. Se estiver fazendo uma cor escura, como preto, o creme pode ficar aguado ou mole. Nesse caso, acrescente um pouco mais de açúcar de confeiteiro até a textura ficar parecida com um creme de barbear.

APÊNDICE

COBERTURA DE BAUNILHA

{CERCA DE 4 XÍCARAS, O SUFICIENTE PARA RECHEAR E COBRIR UM BOLO DE 23 CENTÍMETROS}

Para uma cobertura mais cremosa, use leite ao invés de água. Esta
cobertura precisa ser refrigerada, então tanto ela como o bolo na qual ela for usada devem ser
guardados na geladeira. Antes de usar a cobertura, deixe um tempo em temperatura ambiente e mexa
ligeiramente com uma colher para reavivá-la.

2 ½ xícaras de manteiga sem sal
5 xícaras de açúcar de confeiteiro
1 colher (sopa) de extrato de baunilha
¼ coher (chá) de sal moído fino
3 colheres (sopa) de água morna

1. Coloque a manteiga na tigela da batedeira e, usando o batedor de pá, bata em velocidade baixa, até que a manteiga esteja cremosa e sem caroços. Com a batedeira ligada, adicione o açúcar, uma xícara de cada vez, deixando que ele seja completamente incorporado à manteiga antes de acrescentar a próxima xícara.

2. Desligue a batedeira e coloque a baunilha e o sal. Bata em velocidade média-baixa por 2 minutos, até que fique uma mistura homogênea. Adicione a água e continue a bater para que fique um creme leve e fofo, por 2–3 minutos.

FESTAS EM FAMÍLIA COM O CAKE BOSS

COBERTURA DE CHOCOLATE

{CERCA DE 4 XÍCARAS, O SUFICIENTE PARA RECHEAR E COBRIR UM BOLO DE 23 CENTÍMETROS}

Para uma cobertura mais cremosa, use leite ao invés de água. Você deve guardar na geladeira esta cobertura e o bolo na qual ela for usada. Antes de usar, deixe a cobertura voltar à temperatura ambiente e mexa ligeiramente à mão para reavivá-la.

2 ½ xícaras de manteiga sem sal, amolecida
5 xícaras de açúcar de confeiteiro
⅔ xícara de cacau em pó belga sem açúcar
1 colher (sopa) de extrato de baunilha
¼ colher (chá) de sal marinho, moído fino
3 colheres (sopa) de água morna

1. Coloque a manteiga na tigela da batedeira e, usando o batedor de pá, bata em velocidade baixa até que ela esteja cremosa e sem caroços. Com a batedeira ligada, adicione o açúcar, uma xícara de cada vez, deixando que ele seja completamente incorporado à manteiga antes de acrescentar a próxima xícara.

2. Desligue a batedeira e acrescente o cacau, a baunilha e o sal. Bata em velocidade média-baixa por 2 minutos, até que fique uma mistura homogênea. Adicione a água e continue a bater por 2–3 minutos, para que fique um creme leve e fofo.

APÊNDICE

CREME DE MANTEIGA ITALIANO

{CERCA DE 7 XÍCARAS}

Eu adaptei esta receita a partir de uma usada no The Culinary Institute of America. Quem me mostrou a receita original foi um grupo de alunos para os quais eu fiz uma apresentação.

8 claras
2 xícaras de açúcar
½ xícara de água
1 colher (sopa) de extrato de baunilha
4 xícaras de manteiga sem sal, em temperatura ambiente, cortada em cubinhos

1. Ponha as claras na tigela da batedeira e reserve.

2. Coloque 1 ½ xícara de açúcar e a água em uma panela de fundo grosso. Deixe levantar fervura em fogo médio-alto, mexendo com uma colher de pau para dissolver o açúcar. Deixe ferver, sem mexer, até chegar no ponto de bala mole (115°C).

3. Enquanto isso, bata as claras em velocidade alta com o batedor de claras por 5 minutos, até formar picos moles. Sem desligar a batedeira, acrescente vagarosamente a ½ xícara de açúcar restante e bata até formar picos médios.

4. Quando a calda de açúcar atingir 115°C, acrescente-a às claras em neve em fio fino, para não cozinhar os ovos, sem desligar a batedeira, mas em velocidade média. Aumente a velocidade para alta e continue batendo 10–15 minutos, até que a mistura tenha esfriado e esteja em temperatura ambiente.

5. Acrescente a manteiga em cinco adições, desligando a batedeira e raspando o fundo da tigela com uma espátula entre cada adição. Ponha a baunilha sem desligar a batedeira e bata até que ela esteja incorporada. Este creme pode ser guardado na geladeira, em um recipiente hermético, por até uma semana. Espere retornar à temperatura ambiente e bata na batedeira com a pá antes de usá-lo.

FESTAS EM FAMÍLIA COM O CAKE BOSS

CREME ITALIANO À BASE DE OVOS

{CERCA DE 3 XÍCARAS, O SUFICIENTE PARA RECHEAR E COBRIR UM BOLO DE 23 CENTÍMETROS}

Quanto mais você cozinhar este creme, mais grosso ele vai ficar.
Ajuste a textura conforme o seu gosto.

2 ½ xícaras de leite integral
1 colher (sopa) de extrato de baunilha
1 xícara de açúcar
⅔ xícara de farinha para bolo*, peneirada
5 gemas
2 colheres (chá) de manteiga com sal

* Para fazer a farinha para bolo, meça uma xícara de farinha de trigo comum, retire 2 colheres (sopa) e acrescente 2 colheres (sopa) de amido de milho. Peneire várias vezes para misturar e aerar. (N. T.)

1. Coloque o leite e a baunilha em uma panela, em fogo médio, e deixe levantar fervura.

2. Na batedeira, bata o açúcar, a farinha e as gemas. Com uma concha, acrescente 1 xícara da mistura de leite e baunilha e bata para temperar as gemas.

3. Adicione a mistura de ovos à panela com o leite e use uma batedeira portátil para bater, até que a mistura fique cremosa e espessa, cerca de 1 minuto depois. Enquanto bate, retire e volte a panela ao fogo várias vezes, para não virar uma omelete.

4. Retire a panela do fogo, adicione a manteiga e bata por mais 2 minutos para engrossar o creme. Transfira a mistura para uma tigela. Deixe esfriar, cubra com um filme plástico e coloque na geladeira por pelo menos 6 horas (pode ser guardado por até uma semana). Para fazer o creme de ovos com chocolate, acrescente 45 gramas de chocolate amargo derretido junto com a manteiga. Para um sabor mais intenso, adicione um pouco mais de chocolate.

APÊNDICE

COBERTURA DE CREAM CHEESE
{CERCA DE 3 XÍCARAS, O SUFICIENTE PARA RECHEAR
E COBRIR UM BOLO DE 23 CENTÍMETROS}

Este é o recheio e a cobertura clássicos de dois bolos superpopulares: o *Bolo de cenoura* (p. 306) e o *Bolo* red velvet (p. 308). Use sempre a melhor marca de cream cheese que encontrar.

2 pacotes de 225 g de cream cheese
½ xícara manteiga sem sal, amolecida
1 colher (chá) de extrato de baunilha
2 xícaras de açúcar de confeiteiro, peneirado

1. Na batedeira, coloque o cream cheese e a manteiga. Bata com o batedor de pá em velocidade média, até ficar cremoso, por aproximadamente 30 segundos.

2. Com a batedeira ligada, adicione a baunilha e bata por 30 segundos. Acrescente o açúcar, um pouco de cada vez, e bata até ficar homogêneo, aproximadamente 1 minuto após a última adição. Use assim que ficar pronto, porque este creme fica muito duro se colocado na geladeira. Se você precisar colocar na geladeira (no máximo, por dois dias), não use o micro-ondas para amolecê-lo: deixe descansar em temperatura ambiente por 4 horas.

FESTAS EM FAMÍLIA COM O CAKE BOSS

MOUSSE DE CHOCOLATE DO MEU PAI

{CERCA DE 3 ½ XÍCARAS, SUFICIENTE PARA RECHEAR E COBRIR UM BOLO DE 23 CENTÍMETROS}

Nós ainda fazemos chantili com chocolate usando a receita do meu pai.
É uma mousse rica e fofa e combina com muitos tipos diferentes de bolo.

2 xícaras de creme de leite fresco
½ xícara de açúcar
3 xícaras de cacau em pó belga sem açúcar
1 colher (sopa) de licor de chocolate

1. Coloque o creme de leite, o açúcar, o cacau e o licor em um tigela de inox. Bata em velocidade alta até ficar fofo, por cerca de 1 minuto.

2. Use imediatamente ou guarde na geladeira, em um recipiente hermético, por até três dias.

APÊNDICE

GANACHE DE CHOCOLATE

{CERCA DE 2 XÍCARAS}

Esta ganache pode ser usada como recheio ou despejada sobre um bolo. Para usar como recheio, coloque-a na geladeira e depois em um saco de confeitar; decore o bolo conforme as instruções (p. 293).

Para despejar sobre o bolo, derreta a ganache em banho-maria e simplesmente despeje sobre o bolo ou sobre o recheio que deseja cobrir. Se for usar sobre creme francês ou mousse de chocolate, despeje sobre eles e alise com uma espátula.

1 xícara de creme de leite fresco
250 g de chocolate meio amargo, grosseiramente picado
1 colher de sopa de glucose de milho

1. Coloque o creme de leite em uma panela, em fogo médio-alto. Assim que começar a ferver, retire a panela do fogo. Adicione o chocolate e mexa com uma colher de pau para ajudar a derreter. Misture a glucose de milho.

2. Para cobrir um bolo inteiro com a ganache, coloque uma grade sobre uma assadeira e ponha o bolo sobre a grade. Com cuidado, use uma concha para despejar a ganache derretida sobre o bolo em um fluxo contínuo, deixando-a escorrer sobre o bolo até que ele esteja coberto por igual.

    Se não quiser usar a ganache tão líquida, coloque-a em uma tigela e leve à geladeira por cerca de 1 hora. Se for usar para recheio, aqueça em banho-maria em fogo médio, até amolecer o suficiente para ser espalhada sobre o bolo

3. O que sobrar da ganache fria pode ser colocado em um recipiente hermético e guardado na geladeira por três dias. Para usá-la, reaqueça-a ligeiramente em banho-maria, mexendo com uma espátula até ficar quente e líquida o suficiente para que possa ser despejada sobre o bolo.

FESTAS EM FAMÍLIA COM O CAKE BOSS

CREME "CAUDA DE LAGOSTA"

{CERCA DE 6 XÍCARAS}

Usamos este creme delicioso para rechear as nossas exclusivas "caudas de lagosta", um doce de massa folhada tradicional da Carlo's Bake Shop. Ele também pode ser usado para rechear e cobrir bolos – fica especialmente gostoso com o nosso *Bolo de baunilha* (p. 302).

uma receita de *Creme italiano à base de ovos* (p. 316)

um receita de *Chantili italiano* (p. 321)

2 colheres (sopa) de licor Baileys (opcional)

1. Coloque o creme à base de ovos em uma tigela. Adicione o chantili aos poucos, misturando com cuidado e sem mexer, com a ajuda de uma espátula.

2. Regue com o licor, se for usar, e misture delicadamente. Adicione mais licor se desejar, mas não manuseie demais o creme.

   O creme "cauda de lagosta" pode ser guardado na geladeira, em um recipiente hermético, por até quatro dias. Bata um pouco à mão antes de usar, para reavivá-lo.

320

APÊNDICE

CHANTILI ITALIANO

{2 ½ XÍCARAS}

Esta nata batida e adocicada pode ser usada para rechear ou cobrir bolos, e também entra na composição do creme francês e no recheio das famosas "caudas de lagosta" de nossa loja.

1 ½ xícara de creme de leite fresco
¼ xícara mais 2 colheres (sopa) de açúcar

1. Coloque o creme de leite e o açúcar na batedeira e bata em velocidade alta. Não bata demais, porque o creme pode virar manteiga.

2. O chantili pode ser mantido na geladeira em um recipiente hermético por até três dias. Bata à mão para reavivá-lo antes de usar.

ÍNDICE REMISSIVO

Obs.: Os números das páginas em itálico se referem às ilustrações.

A

abacaxi
Espetinhos de frutas grelhadas, 137, *138*

abobrinha
Bolinho de abobrinha italiana, *236*, 238
Pizzette de tomate e abobrinha italiana, 274, *275*

alcachofra
Molho de alcachofra e espinafre com parmesão, *188*, 189
Salada de espinafre *baby* e alcachofra marinada, 72

alecrim
Prime rib com alho e alecrim, *240*, 241
Alface americana com molho de gorgonzola e bacon, 155

alho
Lagosta no vapor com manteiga de alho, 239
Pão de alho, 239
Prime rib com alho e alecrim, *240*, 241
Purê de batata com alho assado, 221

amêndoas
Couve-galega *sautée* com vinagre de vinho tinto e amêndoas, *222*, 223
Minibolo com pêssego grelhado e mascarporne, *142*, 143
Amendoim com pimenta caiena, *186*, 187

amora
Tortinhas de amora com açúcar de confeiteiro, *126*, 127

anchovas
Fraldinha com *salsa* verde italiana, *170*, 171
Prime rib com alho e alecrim, *240*, 241

aperitivos e lanches
Amendoim com pimenta caiena, *186*, 187
Brócolis assados, *108*, 110
Crostini com ricota e mel, 70, 71
Molho de alcachofra e espinafre com parmesão, *188*, 189
Figos em massa folhada, *276*, 277
Linguiça *cotechino*, *276*, 278
Minibife Wellingtons, *202*, 203
Minipizzas fechadas de salame, *108*, 109

Pipoca de aniversário com chocolate branco, *106*, 107
Pizzette de tomate e abobrinha italiana, 274, *275*
Tiras de frango com gergelim, *108*, 111

arroz
Risoto de salmão defumado, *36*, 37
Asas de frango com molho barbecue caseiro, *134*, 135

aspargo
Aspargos enrolados com *prosciutto*, *134*, 136
Frittata de aspargos, *18*, 19

atum
Salada de espinafre *baby* e alcachofra marinada, 72

aveia
Biscoitos de maçã e aveia, *58*, 59
Tortinhas de amora com açúcar de confeiteiro, *126*, 127

azeite de oliva
Bolo cítrico com azeite de oliva, *78*, 79

azeitona
Salada de *antipasti*, *22*, 23

B

bacon
Alface americana com molho de gorgonzola e bacon, 155

ÍNDICE

Bacon com xarope de bordo, *123*, 124

Sanduíche de queijo, bacon e broto de alfafa, *52*, 54

Baileys

Creme "cauda de lagosta", 320

banana

Minissanduíches de creme de avelãs e cacau com banana, 108

batata

Batatas assadas duas vezes, *156*, 157

Panquecas de batata com *crème fraîche* e caviar, *205*, 206

Purê de batata com alho assado, 221

bebidas

Chá de frutas vermelhas, *90*, 99

Chai com leite, *123*, 125

Coquetéis de champanhe e morango, 272, *280*

Ponche de bourbon, 207, *209*

Sobremesa de cerveja tipo stout com sorvete, *160*, 161

biscoitos

Biscoitos amanteigados simples, *92*, 94

Biscoitos esportivos, *184*, *194*, *195*, *196*, 197

Biscoitos de açúcar, 199

Biscoitos de maçã e aveia, *58*, 59

Biscoitos de melado, *228*, 229

Biscoitos de Natal, *260*, 261

Biscoitos decorados com chaleiras, *88*, *100*, 101–3, *102–3*

Biscoitos meia-noite, *286*, 287

Bolinhas de chocolate e coco sem farinha, 60, *61*

Bolo de geladeira com manteiga de amendoim e chocolate, *158*, 159

Sanduíches de biscoito de gengibre, *260*, 262–3

Scones com gotas de chocolate, *92*, 93

bolacha champanhe

Tiramisu alcoólico, *280*, 281

Bolinhas de chocolate e coco sem farinha, 60, *61*

Bolinho de abobrinha italiana, *236*, 238

Bolinhos de baunilha, *210*, 211

bolos

aparando e cortando, 294

Bolinhos de baunilha, *210*, 211

Bolo cítrico com azeite de oliva, *78*, 79

Bolo da bandeira norte--americana, *166*, *180*, 181–3, *182–3*

Bolo da sorte, *270*, 289–91, *290–1*

Bolo de aniversário de camiseta de time, *104*, *114*, 115–7, *116–7*

Bolo de baunilha, 302–3

Bolo de cenoura, 306–7

Bolo de cerveja para o Dia dos Pais, *150*, *162*, 163–6, *164–5*

Bolo de cesta de Páscoa, *68*, *84*, 85–7, *86–7*

Bolo de chocolate, 304–5

Bolo de churrasqueira para o *Memorial Day*, *132*, *144*, 145–9, *146*, 148

Bolo de coração para o Dia dos Namorados, *34*, 47–9, *48*

Bolo de geladeira com manteiga de amendoim e chocolate, *158*, 159

Bolo de presente de Natal, *252*, *266*, 267–9, *268*

Bolo recheado com cobertura colorida, *50*, *64*, 65–7, *66–7*

Bolo *red velvet*, 308

Bolo vulcão com mousse para o Dia das Mães, *118*, *128*, 129–31, *130–1*

como polvilhar farinha em uma forma, 303

congelamento, 295

Cupcakes de cartola para o Ano-novo, *16*, *30*, 31–3, *32–3*

Cupcakes de coquetéis, *200*, *212*, 213–4, *215*

Brócolis assado, *108*, 110

brotos de alfafa

Sanduíche de queijo, bacon e broto de alfafa, *52*, 54

Brunch de Ano-novo, 16–33

Cupcakes de cartola para o Ano-novo, *16*, *30*, 31–3, *32–3*

Frittata de aspargos, *18*, 19

ÍNDICE

Napoleóns de morango, *28, 29*

Pãezinhos de canela com noz pecan, *24*, 25–6

Potinhos de creme de chocolate, *24*, 27

Risoni com presunto, ervilha e queijo de cabra, 20

Salada de *antipasti*, *22*, 23

C

cacau, *veja* chocolate

café (espresso)

Croquembouche, *234, 246, 247–9, 248–9*

Potinhos de creme de chocolate, *24*, 27

Tiramisu alcoólico, *280*, 281

Café na cama para o Dia das Mães, 118–31

Bacon com xarope de bordo, *123*, 124

Bolo vulcão com mousse para o Dia das Mães, *118, 128, 129–31, 130–1*

Chai com leite, *123*, 125

Panquecas doces de limão--siciliano e mirtilo, 122, *123*

Strata de ovos e manjericão, *120*, 121

Tortinhas de amora com açúcar de confeiteiro, *126*, 127

camarão

Espetinhos de camarão grelhado com *chili* e limão, *174*, 175

Salada de frutos do mar marinados, *254*, 255

canela

Pãezinhos de canela com noz pecan, *24*, 25–6

carne bovina

Filé de costela com manteiga temperada com raiz forte, *152*, 153

Fraldinha com *salsa* verde italiana, *170*, 171

Minibife Wellingtons, *202*, 203

Prime rib com alho e alecrim, *240*, 241

Carolinas, *250*, 251

cartolina, cobrindo o bolo com o auxílio de, 298

caviar

Panquecas de batata com *crème fraîche* e caviar, *205*, 206

cebola

Lentilhas com cebola, 273

Chá da tarde, 88–103

Biscoitos amanteigados simples, *92*, 94

Biscoitos decorados com chaleiras, *88, 100*, 101–3, *102–3*

Chá de frutas vermelhas, *90*, 99

Folhadinho de morango, *96*, 97

Minissanduíches de creme de avelãs e cacau com banana, 98

Quiche de queijo cheddar e couve-flor, *90*, 91

Scones com gotas de chocolate, *92*, 93

chá

Chai com leite, *123*, 125

Chá de frutas vermelhas, *90*, 99

Ponche de bourbon, 207, *209*

Chantili italiano, 321

Chili con queso, *168*, 169

Cheesecake de ricota, *242*, 243

cobrir e rechear, 294–6, 297–9, 311–21

chocolate

Biscoitos meia-noite, *286*, 287

Bolinhas de chocolate e coco sem farinha, 60, *61*

Biscoitos esportivos, *184, 194, 195–7, 196*

Bolo de cesta de Páscoa, *68, 84, 85–7, 86–7*

Bolo de chocolate, 304–5

Bolo de coração para o Dia dos Namorados, *34, 46, 47–9, 48–9*

Bolo de geladeira com manteiga de amendoim e chocolate, *158*, 159

Bolo *red velvet* (veludo vermelho), 308

Bolo vulcão com mousse para o Dia das Mães, *118, 128, 129–31, 130–1*

Cobertura de chocolate, 314

Croquembouche, *234, 246, 247–9, 248–9*

Cupcakes de cartola para o Ano-novo, *16, 30*, 31–3, *32–3*

Discos de caramelo e nozes, *61*, 62

ÍNDICE

Fondue de chocolate, *244*, 245

Ganache de chocolate, 319

Minissanduíches de creme de avelãs e cacau com banana, 98

Mousse de chocolate do meu pai, 318

Nozes no tronco, *56*, 57

Potinhos de creme de chocolate, *24*, 27

Scones com gotas de chocolate, *92*, 93

Semifreddo de chocolate com molho de framboesa, 41–3, *42*

Sundae de brownie e barras de chocolate, *112*, 113

Tiramisu alcoólico, *280*, 281

Trufas de chocolate, 208, *209*

chocolate branco

Morangos patriotas, *178*, 179

Nozes no tronco, *56*, 57

Pipoca de aniversário com chocolate branco, *106*, 107

Coberturas e recheios, 311–21

Chantili italiano, 321

Cobertura de baunilha, 313

Cobertura de chocolate, 314

Cobertura de cream cheese, 317

Creme "cauda de lagosta", 320

Creme italiano à base de ovos, 316

Creme de manteiga italiano, 315

Creme de manteiga para decoração, 312

dicas, 294–6, 297–9

Ganache de chocolate, 319

Mousse de chocolate do meu pai, 318

coco

Bolinhas de chocolate e coco sem farinha, 60, *61*

Bolinhos de baunilha, *210*, 211

cogumelo

Cogumelos assados com salsa fresca, 77

Minibife Wellington, *202*, 203

Salada de *antipasti*, *22*, 23

cone de papel-manteiga, 49

congelando bolos, 295

Coquetéis de champanhe e morango, *272*, 280

Coquetéis para todas as ocasiões, 201–215

Cupcakes de coquetéis, *200*, *212*, 213–5, *215*

Minibife Wellington, *202*, 203

Panquecas de batata com *crème fraîche* e caviar, *205*, 206

Ponche de bourbon, 207, *209*

Bolinhos de baunilha, *210*, 211

Salada de caranguejo em folhas de endívia, 204, *205*

Trufas de chocolate, 208, *209*

cordeiro

Costeletas de cordeiro com crosta de pistache, *74*, 75

Costelinhas de porco assadas e grelhadas, *140*, 141

couve-flor

Quiche de queijo cheddar e couve-flor, *90*, 91

couve-galega

Couve-galega *sautée* com vinagre de vinho tinto e amêndoas, *222*, 223

Cozinhando com as crianças nos dias de tempo ruim, 51–67

Biscoitos de maçã e aveia, *58*, 59

Bolinhas de chocolate e coco sem farinha, 60, *61*

Bolo recheado com cobertura colorida, *50*, 64, 65–7, *66–7*

Discos de caramelo e nozes, *61*, 62

Nozes no tronco, *56*, 57

Sopa fácil de tomate, *52*, 53

Sanduíche de queijo, bacon e brotos de alfafa, *52*, 54

cream cheese

Cobertura de cream cheese, 317

Risoto de salmão defumado, *36*, 37

Creme de espinafre, 40

Croquembouche, *234*, *246*, *247–9*, *248–9*

Crostini com ricota e mel, 70, *71*

Cupcakes de cartola para o Ano-novo, *16*, *30*, 31–3, *32–3*

D

decoração, 293–9

borda em forma de cordão de conchas, 294

com pasta americana, 296–9

ÍNDICE

prato giratório, 293

saco de confeiteiro, 293–4

Dia de jogo, 184–99

Amendoim com pimenta caiena, *186*, 187

Biscoitos de açúcar, 199

Biscoitos esportivos, *184*, *194*, 195–7, *196*

Molho de alcachofra e espinafre com parmesão, *188*, 189

Salada de repolho asiática *tri-colore*, 192

Sanduíche asiático de carne de porco, *190*, 191

Dicas de segurança ao usar o liquidificador, 53

Discos de caramelo e nozes, *61*, 62

doces

Discos de caramelo e nozes, *61*, 62

Pé-de-moleque caseiro com frutas, *284*, 285

Sundae de brownie e barras de chocolate, *112*, 113

Trufas de chocolate, 208, *209*

E

endívia

Salada de caranguejo em folhas de endívia, 204, *205*

ervilha

Risoni com presunto, ervilha e queijo de cabra, 20

Espetinhos de camarão grelhado com *chili* e limão, *174*, 175

espinafre

Creme de espinafre, 40

Molho de alcachofra e espinafre com parmesão, *188*, 189

Salada de espinafre *baby* e alcachofra marinada, 72

F

feijão

Salada de feijão, *170*, 172

Festa de aniversário infantil, 105–117

Bolo de aniversário de camiseta de time, *104*, *114*, 115–7, 115–7

Brócolis assados, *108*, 110

Minipizzas fechadas de salame, *108*, 109

Pipoca de aniversário com chocolate branco, *106*, 107

Sundae de brownie e barras de chocolate, *112*, 113

Tiras de frango com gergelim, *108*, 111

Festa de Dia dos Pais, 151–65

Alface americana com molho de gorgonzola e bacon, 155

Batatas assadas duas vezes, *156*, 157

Bolo de cerveja para o Dia dos Pais, *150*, *162*, 163–5, *164–5*

Bolo de geladeira com manteiga de amendoim e chocolate, *158*, 159

Filé de costela com manteiga temperada com raiz forte, *152*, 153

Vagens com gergelim, *152*, 154

Sobremesa de cerveja tipo stout com sorvete, *160*, 161

figos

Figos em massa folhada, *276*, 277

Fondue de chocolate, 244, 245

Fraldinha com *salsa* verde italiana, *170*, 171

framboesa

Bolo da bandeira norte--americana, *166*, *180*, 181–3, *182–3*

Semifreddo de chocolate com molho de framboesa, 41–3, *42*

frango

Asas de frango com molho barbecue caseiro, *134*, 135

Tiras de frango com gergelim, *108*, 111

Frittata de aspargos, *18*, 19

frutas cítricas, fazendo raspas de, 80

frutas vermelhas

Bolo da bandeira norte--americana, *166*, *180*, 181–3, *182–3*

Chá de frutas vermelhas, *90*, 99

Coquetéis de champanhe e morango, *272*, 280

Espetinhos de frutas grelhadas, 137, *138*

Molho caseiro de cranberry, *222*, 224

Morangos patriotas, *178*, 179

ÍNDICE

Napoleóns de morango, *28, 29*

Panquecas doces de limão-
-siciliano e mirtilo, 122, *123*

Semifreddo de chocolate com
molho de framboesa, 41–3,
42

Tortinhas de amora com açúcar
de confeiteiro, *126*, 127

frutas

fazendo raspas de frutas
cítricas, 80

Fondue de chocolate, *244, 245*

Espetinhos de frutas grelhadas,
137, *138*

Pé-de-moleque caseiro com
frutas, *284*, 285

frutos do mar

Kebabs de vieiras e pimentão,
138, 139

Linguine com mexilhão, *236*,
237

Salada de frutos do mar
marinados, *254*, 255

fubá

Polenta cremosa com pimenta-
-do-reino, 73, *74*

G

Galette de ameixas frescas, *176*,
177

Ganache de chocolate, 319

*Grelhados clássicos para o
Memorial Day*, 133–49

Asas de frango com molho
barbecue caseiro, *134*, 135

Aspargos enrolados com
prosciutto, 134, 136

Bolo de churrasqueira para
o *Memorial Day, 132, 144,
145–9, 146, 148*

Costelinhas de porco assadas e
grelhadas, *140*, 141

Espetinhos de frutas grelhadas,
137, *138*

Kebabs de vieiras e pimentão,
138, 139

Minibolo com pêssego
grelhado e mascarporne, *142*,
143

grelhados

Asas de frango com molho
barbecue caseiro, *134*, 135

Aspargos enrolados com
prosciutto, 134, 136

Costelinhas de porco assadas e
grelhadas, *140*, 141

Espetinhos de camarão
grelhado com *chili* e limão,
174, 175

Espetinhos de frutas grelhadas,
137, *138*

Kebabs de vieiras e pimentão,
138, 139

Minibolo com pêssego
grelhado e mascarporne, *142*,
143

Sanduíche asiático de carne de
porco, *190*, 191

Sanduíche de queijo, bacon e
brotos de alfafa, *52*, 54

H

hortelã

Costeletas de cordeiro com
crosta de pistache, *74*, 75

J

Jantar de Ação de Graças,
217–33

Biscoitos de melado, *228*, 229

Couve-galega *sautée* com
vinagre de vinho tinto e
amêndoas, *222*, 223

Massa de torta, *230*, 231

Molho caseiro de cranberry,
222, 224

Peru com ervas e molho
caseiro, *218*, 219–20

Purê de batata com alho
assado, 221

Recheio da família Valastro,
226–7

Torta de abóbora com folhas
de outono, *216, 230*, 232–3,
232–3

Jantar de Dia dos Namorados,
35–49

Bolo de coração para o Dia
dos Namorados, *34, 46*, 47–9,
48–9

Creme de espinafre, 40

Lagostas no vapor com
manteiga de alho, *38*, 39

Risoto de salmão defumado,
36, 37

Semifreddo de chocolate com
molho de framboesa, 41–3,
42

Suflê de licor de laranja, *44*, 45

K

Kebabs de vieiras e pimentão,
138, 139

ÍNDICE

kiwi

Espetinhos de frutas grelhadas, 137, *138*

L

lagosta

Lagostas no vapor com manteiga de alho, *38*, 39

leite

Chai com leite, *123*, 125

leitelho

Bolinhos de baunilha, *210*, 211

Bolo de chocolate, 304–5

Bolo *red velvet* (veludo vermelho), 308

Panquecas doces de mirtilo e limão-siciliano, 122, *123*

Lentilhas com cebola, 273

licor

Creme "cauda de lagosta", 320

Mousse de chocolate do meu pai, 318

Suflê de licor de laranja, *44*, 45

Trufas de chocolate, 208, *209*

linguiça

Linguiça *cotechino*, *276*, 278

Recheio da família Valastro, 226–7

Linguine com mexilhão, *236*, 237

lula

Salada de frutos do mar marinados, *254*, 255

M

manjericão

Macarrão gratinado, *256*, 257

Strata de ovos e manjericão, *120*, 121

manteiga de amendoim

Bolo de geladeira com manteiga de amendoim e chocolate, *158*, 159

Nozes no tronco, *56*, 57

mascarpone

Minibolo com pêssego grelhado e mascarporne, *142*, 143

massa

Linguine com mexilhão, *236*, 237

Macarrão gratinado, *256*, 257

Risoni com presunto, ervilha e queijo de cabra, 20

Manteiga temperada com raiz forte, *152*, 153

mel

Crostini com ricota e mel, 70, *71*

Espetinhos de camarão grelhado com *chili* e limão, *174*, 175

Minibolo com pêssego grelhado e mascarporne, *142*, 143

Ponche de bourbon, 207, *209*

melado

Biscoitos de melado, *228*, 229

Sanduíches de biscoito de gengibre, *260*, 262–3

mexilhão

Linguine com mexilhão, *236*, 237

Minibife Wellington, *202*, 203

Minibolo com pêssego grelhado e mascarporne, *142*, 143

Minipizzas fechadas de salame, *108*, 109

Minissanduíches de creme de avelãs e cacau com banana, 98

mirtilo

Bolo da bandeira norte-americana, *166*, *180*, 181–3, *182–3*

Panquecas doces de limão-siciliano e mirtilo, 122, *123*

molho

Chili con queso, *168*, 169

Manteiga de alho, 39

Molho barbecue caseiro, 135

Molho caseiro de cranberry, *222*, 224

Molho caseiro para aves, 219–20

molho de carne (aves), dicas, 220

Molho de framboesa, 41–3, *42*

Molho de gorgonzola, 155

Molho de mexilhão, *236*, 237

Salsa verde italiana, *170*, 171

morango

Bolo da bandeira norte-americana, *166*, *180*, 181–3, *182–3*

Coquetéis de champanhe e morango, 272, *280*

Espetinhos de frutas grelhadas, 137, *138*

Folhadinho de morango, 96, 97

Morangos patriotas, *178*, 179

ÍNDICE

Napoleóns de morango, *28*, 29

Morangos patriotas, *178*, 179

Mousse de chocolate do meu pai, 318

muçarela

Macarrão gratinado, *256*, 257

Minipizzas fechadas de salame, *108*, 109

Pizzette de tomate e abobrinha italiana, 274, *275*

Salada de *antipasti*, *22*, 23

N

Napoleóns de morango, *28*, 29

Natal, 253–69

Biscoitos de Natal, *260*, 261

Bolo de Natal, *252*, *266*, 267–9, *268*

Macarrão gratinado, *256*, 257

Salada de frutos do mar marinados, *254*, 255

Sanduíches de biscoito de gengibre, *260*, 262–3

Sorvete de eggnog, *264*, 265

Tender de festa com molho de cereja, *258*, 259

nectarinas

Espetinhos de frutas grelhadas, 137, *138*

nozes e castanhas

Amendoim com pimenta caiena, *186*, 187

Bolo de geladeira com manteiga de amendoim e chocolate, *158*, 159

Costeletas de cordeiro com crosta de pistache, *74*, 75

Discos de caramelo e nozes, *61*, 62

Nozes no tronco, *56*, 57

Pãezinhos de canela com noz pecan, *24*, 25–6

Pé-de-moleque caseiro com frutas, *284*, 285

torrando e picando (dica), 26

O

orégano

Fraldinha com *salsa* verde italiana, *170*, 171

Os campeões do bufê de Ano-novo, 271–91

Biscoitos meia-noite, *286*, 287

Bolo da sorte, *270*, 289–91, *290*

Coquetéis de champanhe e morango, 272, *280*

Figos em massa folhada, *276*, 277

Lentilhas com cebola, 273

Liguiça *cotechino*, 278

Pé-de-moleque caseiro com frutas, *284*, 285

Peras cozidas com sovete de baunilha, *282*, 283

Pizzette de tomate e abobrinha italiana, 274, *275*

Tiramisu alcoólico, *280*, 281

ovos

Biscoitos meia-noite, *286*, 287

Bolinhas de chocolate e coco sem farinha, 60, *61*

Cheesecake de ricota, *242*, 243

Creme de manteiga italiano, 315

Creme italiano à base de ovos, 316

Frittata de aspargos, *18*, 19

Potinhos de creme de chocolate, *24*, 27

Quiche de queijo cheddar e couve-flor, *90*, 91

Sorvete de eggnog, *264*, 265

Suflê de licor de laranja, *44*, 45

Strata de ovos e manjericão, *120*, 121

P

Pasta frolla, *82*, 83

pães

Pão de alho, 239

Pãezinhos de canela com noz pecan, *24*, 25–6

Scones com gotas de chocolate, *92*, 93

panquecas

Panquecas de batata com *crème fraîche* e caviar, *205*, 206

Panquecas doces de limão-siciliano e mirtilo, 122, *123*

Páscoa, 69–87

Bolo cítrico com azeite de oliva, *78*, 79

Bolo de cesta de Páscoa, *68*, 84, 85–7, *86–7*

Cogumelos assados com salsa fresca, 77

Costeletas de cordeiro com crosta de pistache, *74*, 75

Crostini com ricota e mel, 70, *71*

Pasta frolla, *82*, 83

ÍNDICE

Polenta cremosa com pimenta-
-do-reino, 73, *74*

Salada de espinafre *baby* e
alcachofra marinada, *71*, *72*

Torta de trigo italiana, 80

pasta americana, 296–9

abrindo, 298–9

armazenando, 297

colocando no no bolo, 299

cubra primeiro com creme de
manteiga, 297

trabalhando com, 297

utensílios para usar com,
296–7, 299

pente de decoração, 296

peras

Peras cozidas com sorvete de
baunilha, *282*, 283

peru

Peru com ervas e molho
caseiro, *218*, 219–20

pêssego

Minibolo com pêssego
grelhado e mascarporne, *142*,
143

pimenta

Amendoim com pimenta
caiena, *186*, 187

Polenta cremosa com pimenta-
-do-reino, 73, *74*

pimentão

Kebabs de vieiras e pimentão,
138, 139

Minipizzas fechadas de salame,
108, 109

Salada de *antipasti*, 22, 23

pipoca

Pipoca de aniversário com
chocolate branco, *106*, 107

pizza

Minipizzas fechadas de salame,
108, 109

Pizzette de tomate e abobrinha
italiana, 274, *275*

polenta

Polenta cremosa com pimenta-
-do-reino, 73, *74*

ponche

Ponche de bourbon, 207, *209*

porco

Costelinhas de porco assadas e
grelhadas, *140*, 141

Linguiça *cotechino*, 276, 278

Sanduíche asiático de carne de
porco, *190*, 191

Potinhos de creme de chocolate,
24, 27

prato giratório, 293

presunto

Risoni com presunto, ervilha e
queijo de cabra, 20

Prime rib com alho e alecrim,
240, 241

purê

Purê de batata com alho
assado, 221

Q

4 de julho, 167–83

Bolo da bandeira norte-
-americana, *166*, *180*, 181–3,
182–3

Chili con queso, *168*, 169

Espetinhos de camarão
grelhado com *chili* e limão,
174, 175

Fraldinha com *salsa* verde
italiana, *170*, 171

Galette de ameixas frescas,
176, 177

Morangos patriotas, *178*, 179

Salada de feijão, *170*, 172

queijo

Alface americana com molho
de gorgonzola e bacon, 155

Cheesecake de ricota, *242*, 243

Chili con queso, *168*, 169

Cobertura de cream cheese,
317

Crostini com ricota e mel, 70,
71

Macarrão gratinado, *256*, 257

Minibolo com pêssego
grelhado e mascarpone, *142*,
143

Minipizzas fechadas de salame,
108, 109

Molho de alcachofra e
espinafre com parmesão, *188*,
189

Pizzette de tomate e abobrinha
italiana, 274, *275*

Quiche de queijo cheddar e
couve-flor, *90*, 91

ralador, 80

Recheio da família Valastro,
226–7

Risoni com presunto, ervilha e
queijo de cabra, 20

331

ÍNDICE

Risoto de salmão defumado, *36*, 37

Salada de *antipasti*, *22*, 23

Salada de espinafre *baby* e alcachofra marinada, 72

Salada de feijão, *170*, 172

Sanduíche de queijo, bacon e brotos de alfafa, *52*, 54

Strata de ovos e manjericão, *120*, 121

Tiramisu alcoólico, *280*, 281

Torta de trigo italiana, 80

quiche

Quiche de queijo cheddar e couve-flor, *90*, 91

R

Recheio da família Valastro, 226–7

red velvet, Bolo, 308

repolho

Salada de repolho asiática *tri--colore*, 192

ricota

Cheesecake de ricota, *242*, 243

Crostini com ricota e mel, 70, *71*

Risoni com presunto, ervilha e queijo de cabra, 20

risoto

Risoto de salmão defumado, *36*, 37

rum

Sorvete de eggnog, *264*, 265

Tiramisu alcoólico, *280*, 281

S

saco de confeitar, usando o, 293–4

saladas

Alface americana com molho de gorgonzola e bacon, 155

Salada de *antipasti*, *22*, 23

Salada de caranguejo em folhas de endívia, 204, *205*

Salada de espinafre *baby* e alcachofra marinada, 72

Salada de feijão, *170*, 172

Salada de frutos do mar marinados, *254*, 255

Salada de repolho asiática *tri-colore*, 192

salame

Minipizzas fechadas de salame, *108*, 109

Salada de *antipasti*, *22*, 23

salmão

Risoto de salmão defumado, *36*, 37

salsa

Cogumelos assados com salsa fresca, 77

Fraldinha com salsa verde italiana, *170*, 171

Salada de feijão, *170*, 172

salsa verde

Fraldinha com *salsa* verde italiana, *170*, 171

salsão

Nozes no tronco, *56*, 57

sanduíches

Minissanduíches de creme de avelãs e cacau com banana, 98

Sanduíche asiático de carne de porco, *190*, 191

Sanduíche de queijo, bacon e brotos de alfafa, *52*, 54

Scones com gotas de chocolate, *92*, 93

scungilli

Salada de frutos do mar marinados, *254*, 255

sobremesas

Carolinas, *250*, 251

Croquembouche, *234*, *246*, 247–9, *248–9*

Folhadinho de morango, 96, 97

Fondue de chocolate, *244*, 245

Galette de ameixas frescas, *176*, 177

Massa de torta, *230*, 231

Massa de torta, dicas, 231

Minibolo com pêssego grelhado e mascarpone, *142*, 143

Morangos patriotas, *178*, 179

Napoleóns de morango, *28*, 29

Pãezinhos de canela com noz pecan, *24*, 25–6

Pasta frolla, *82*, 83

Peras cozidas com sovete de baunilha, *282*, 283

Potinhos de creme de chocolate, *24*, 27

Semifreddo de chocolate com molho de framboesa, 41–3, *42*

Sobremesa de cerveja tipo stout com sorvete, *160*, 161

Sorvete de eggnog, *264*, 265

ÍNDICE

Suflê de licor de laranja, *44*, 45

Sundae de brownie e barras de chocolate, *112*, 113

Tiramisu alcoólico, *280*, 281

Torta de abóbora com folhas de outono, *216*, *230*, *232–3*, *232–3*

Torta de trigo italiana, 80

Tortinhas de amora com açúcar de confeiteiro, *126*, 127

sopa

Sopa fácil de tomate, *52*, 53

sorvete

Peras cozidas com sovete de baunilha, *282*, 283

Sobremesa de cerveja tipo stout com sorvete, *160*, 161

Sorvete de eggnog, *264*, 265

Sundae de brownie e barras de chocolate, *112*, 113

suflê

Suflê de licor de laranja, *44*, 45

T

Tender de festa com molho de cereja, *258*, 259

Tiramisu alcoólico, *280*, 281

Tiras de frango com gergelim, *108*, 111

tomate

Alface com molho de gorgonzola e bacon, 155

Macarrão gratinado, *256*, 257

Pizzette de tomate e abobrinha italiana, 274, *275*

Salada de feijão, *170*, 172

Sopa fácil de tomate, *52*, 53

tortas

Folhadinho de morango, 96, 97

Galette de ameixas frescas, *176*, 177

Massa de torta, *230*, 231

massa de torta, dicas, 231

Pasta frolla, *82*, 83

Torta de abóbora com folhas de outono, *216*, *230*, *232–3*, *232–3*

Torta de trigo italiana, 80

Tortinha de amora com açúcar de confeiteiro, *126*, 187

Trufas de chocolate, 208, *209*

V

Vagens com gergelim, *152*, 154

Véspera de Natal 235–51

Bolinhos de abobrinha italiana, *236*, 238

Carolinas, *250*, 251

Cheesecake de ricota, *242*, 243

Croquembouche, *234*, *246*, *247–9*, *248–9*

Fondue de chocolate, *244*, 245

Linguine com mexilhão, *236*, 237

Pão de alho, 239

Prime rib com alho e alecrim, *240*, 241

vinho

Coquetéis de champanhe e morango, 272, *280*

Lentilhas com cebola, 273

Risoto de salmão defumado, *36*, 37

AGRADECIMENTOS

Uau! Nunca imaginei que publicaríamos um livro por ano e tem sido uma experiência incrivelmente divertida e recompensadora. Muito se deve à valiosa participação de alguns amigos e membros da família. Meu muito obrigado às seguintes pessoas:

Minha família mais próxima: minha esposa, Lisa, e meus quatro filhos incríveis: Sofia, Buddy, Marco e Carlo. E, agora e para sempre, à memória de meu pai, Buddy Valastro, o Cake Boss original.

Minhas quatro irmãs, Grace, Madeline, Mary e Lisa, e meus cunhados, Mauro, Joey e Joe.

A toda equipe da confeitaria, em especial Frankie, Danny, Leo e Nikki.

Adam Bourcier e Vincent Tubito, que gerenciam o crescimento da empresa com calma e classe.

Victoria Auresto, minha assistente.

Andrew Friedman, por me ajudar, mais uma vez, a colocar meus pensamentos no papel.

Stacy Adimando, que testou as deliciosas receitas deste livro.

Liz White, pela ajuda com os bolos e outras sobremesas para as fotografias.

John Kernick e sua equipe, pelas lindas fotos: Rizwan Alvi, especialista em digital; Darrell Taunt, especialista em iluminação; Adrienne Anderson, *food stylist*; Micah Morton, assistente de *food stylist*; Paige Hicks, cenógrafa; Jenna Tedesco e Eddie Barerra, cenógrafos assistentes.

A equipe da minha editora, Atria: Judith Curr, presidente e *publisher*; Benjamin Lee, *publisher* associado; Leslie Meredith, editora-sênior; Donna Loffredo, editora; Jeanne Lee, diretora-sênior de arte de capa; Lisa Sciambra, diretora-assistente de publicidade; Jackie Jou, gerente editorial; Jim Thiel, gerente de produção sênior; Dana Sloan, diretora de arte. E a equipe da 3&Co.: Amy Harte e Merideth Harte, pela direção de arte e design deste livro.

Jon Rosen e equipe da William Morris Endeavor Entertainment, em especial ao agente literário Eric Lupfer.

Minha grande família – tias e tios, primos e primos em segundo grau – e todos os meus amigos. É ótimo poder contar com vocês nesta divertida aventura em frente e atrás das câmeras.

Minha família criativa na TLC e Discovery.

Deus, pelas contínuas bênçãos a mim e à minha família.

E, como sempre, aos clientes da Carlo's Bake Shop e aos meus fãs – vocês tornam tudo isso possível e eu amo todos vocês.

SOBRE O AUTOR

Buddy Valastro é a estrela das séries de sucesso do canal de TV TLC *Cake Boss*, *Next Great Baker* e *Bakery Boss*. É autor de vários livros, entre eles *A Cozinha Italiana do Cake Boss* (Edições Tapioca), seu primeiro livro publicado no Brasil. Ele é proprietário da Carlo's Bakery em Hoboken, Nova Jersey, e de várias lojas Carlo's Bake Shop na região, além do Cake Boss Café, na Times Square, em Nova York. Buddy vive com a esposa e os quatro filhos em Nova Jersey.